Arno Fischbacher
Geheimer Verführer Stimme
77 Fragen und Antworten zur unbewussten Macht in der Kommunikation

Reihe
Soft Skills kompakt
Herausgegeben von Stéphane Etrillard
Band 6

Band 1 – Stéphane Etrillard: *Erfolgreiche Rhetorik für gute Gespräche*
Band 2 – Sabine Mühlisch: *Fragen der KörperSprache*
Band 3 – Reinhold Vogt: *Gedächtnis-Training in Frage & Antwort*
Band 4 – René Borbonus: *Die Kunst der Präsentation*
Band 5 – Ute Simon-Adorf: *Was Sie schon immer über Coaching wissen wollten ...*
Band 6 – Arno Fischbacher: *Geheimer Verführer Stimme*
Band 7 – Ute Simon-Adorf: *Mentaltraining in Frage & Antwort*
Band 8 – Stephan Ulrich: *Menschen grafisch visualisieren*
Band 9 – Jürgen W. Goldfuß: *Wer sich nicht führt, der wird verführt*
Band 10 – Doris Kirch: *Der Stress-Coach*

Ausführliche Informationen zu jedem unserer lieferbaren und geplanten Bücher finden Sie im Internet unter www.junfermann.de. Dort können Sie auch unseren kostenlosen Mail-**Newsletter** abonnieren und sicherstellen, dass Sie alles Wissenswerte über das JUNFERMANN-Programm regelmäßig und aktuell erfahren.

Besuchen Sie auch unsere e-Publishing-Plattform www.active-books.de

Arno Fischbacher

Geheimer Verführer Stimme

77 Fragen und Antworten zur
unbewussten Macht in der Kommunikation

Junfermann Verlag • Paderborn
2010

Copyright © Junfermannsche Verlagsbuchhandlung, Paderborn 2008
2. Auflage 2010
Covergestaltung/Reihenentwurf: Christian Tschepp
Redaktion: Kathleen Schütz
© Coverfoto: Yuri Arcurs/FOTOLIA.com
Illustrationen: Brigitta Niel „Die Fliegenden Fische"

Satz: JUNFERMANN Druck & Service, Paderborn

Bibliografische Information der Deutschen Bibliothek

Die Deutsche Bibliothek verzeichnet diese Publikation in der Deutschen Nationalbibliografie; detaillierte bibliografische Daten sind im Internet über http://dnb.ddb.de abrufbar.

ISBN 978-3-87387-704-7

Inhalt

1. Vorwort:
   Die Stimme ist das zentrale Ausdrucksmittel in der Kommunikation   7

2. Geheimer Verführer Stimme:
   Wie Ihre Stimme unbewusst wirkt   11

3. Was Sie auf jeden Fall über Stimme wissen sollten   21

4. Die 12 meistgestellten Fragen zur Stimme   29

5. Die wichtigsten Qualitäten der Stimme im Beruf   47

6. Sekunden-Übungen für mehr Stimmfitness   67

7. Stimm-Tipps für den Notfall   73

8. Warnhinweis: Wie Sie dieses Buch am besten nutzen   77

1. Vorwort: Die Stimme ist das zentrale Ausdrucksmittel in der Kommunikation

„Im richtigen Ton kann man alles sagen, im falschen nichts.
Das einzig Heikle daran ist, den richtigen Ton zu finden!"
– George Bernhard Shaw

Kennen Sie das? Sie sehen jemanden auf der Straße, im Geschäft oder in einem Lokal und Ihr Auge sagt spontan: „Wow!" Gute Figur, anziehend gekleidet, ansprechendes Äußeres – alles in allem ganz Ihr Typ.

Zufällig kommen Sie einander nun etwas näher. Der entscheidende Moment naht: Ihr „Objekt der Begierde" öffnet den Mund. Die ersten Worte dringen an Ihr Ohr. Und in Sekundenbruchteilen ist Ihnen klar: „Ups, ich habe mich wohl getäuscht. Diese Stimme klingt ja völlig uninteressant!"

Kennen Sie das auch anders? Stellen Sie sich einfach vor, Sie erleben dieselbe Situation noch einmal. Auch diesmal hören Sie zum ersten Mal die Stimme Ihres Gegenübers. Aber nun elektrisiert Sie die Stimme durch ihr angenehmes, klares Timbre. Spontan empfinden Sie Sympathie, hören aufmerksam hin. Ihr Interesse ist geweckt, einem längeren Gespräch steht nun nichts mehr im Wege.

Stimme hat Macht! Sie lässt hören, wer Sie sind und offenbart schonungslos, was Sie denken oder empfinden. Wie Sie klingen, rückt den ersten Eindruck zurecht. Die Stimme schwächt oder verstärkt Ihr Auftreten. In der deutschen Sprache wimmelt es nur so von Analogien und Stimm-Worten: „Wie man in den Wald hineinruft, so schallt es zurück!" oder: „Stimme macht Stimmung!" Bestimmt auftreten wirkt manchmal Wunder. Zur Einstimmung ein stimmungsvolles Beispiel bringen, auch. So werden Sie garantiert als „stimmig" erlebt, meinen Sie nicht auch? Dann können Sie ja getrost beginnen, andere auf Ihre Ideen einzustimmen? Oder die Abstimmung zu gewinnen – dabei aber keine Verstimmung hervorzurufen ...!

Im Beruf ist die Stimme heute ein Karrierefaktor ersten Ranges. Auch wenn die Stimme oft als etwas sehr Privates empfunden wird, ist eine gute Stimme nicht nur für das Privatleben interessant. Eine kürzlich von *stimme.at*, dem europäischen Netzwerk der Stimmexperten, veröffentlichte Studie zeigt, dass Bewerber mit guter Stimme und Sprechweise von 91 Prozent der befragten Unternehmen bevorzugt werden. Die

Stimme sorgt machtvoll, aber unbewusst für Sympathie und Durchsetzungsvermögen. Die Stimme beeinflusst das Ergebnis, sei es im Kundenkontakt, bei Verhandlungen, in Medienauftritten, Präsentationen oder am Telefon.

Als Führungskraft sind Sie stimmlich heute genauso gefordert wie im Sekretariat. Stimme schafft Verbindung - oder trennt. Als Wirtschaftsfaktor gelangt die Stimme immer stärker ins Bewusstsein. In vielen Betrieben zeigt sich, was der unreflektierte Einsatz der Stimme anrichten kann. Meetings etwa erleben 80 Prozent der Beteiligten als langweilig und einschläfernd, wie aus der Studie hervorgeht. Hörbar aufregend wird es hingegen meist, wenn die Scheinwerfer eingeschaltet sind oder die Kamera läuft. Vor großem Publikum zittert dann selbst bei Top-Vorständen schon mal die Stimme.

Konflikte „leben" geradezu von der Stimme. Wer kennt sie nicht, jene Situationen, in denen die Stimme schlagartig ihren Wohlklang verliert? Wenn anstelle der natürlichen Autorität Befehlstöne laut werden, die Stimme aus Ärger oder Wut manchmal unerhörte Kräfte entwickelt? Jedoch: „Wer laut wird, hat meist unrecht", sagt der Volksmund. *Muss* eine Stimme laut werden, um alle Alarmglocken läuten zu lassen? Nein. Vielleicht haben Sie es auch schon einmal erlebt, dass allein der gerufene Name Unheil verheißt. Der Ausdruck der Stimme trennt Menschen im Alltag oft genug mehr, als er verbindet.

Ist natürliche Autorität erlernbar? „Charisma ist keine Lampe", die man einfach anknipsen kann, so warnt ein Buchtitel von Dieter Herbst. Dennoch: Wer sich mit dem eigenen Ausdruck, also mit Körpersprache und Stimme beschäftigt, wird unweigerlich auch zur Entwicklung der eigenen Persönlichkeit beitragen.

Aus Werbung und Medien sind gute Stimmen heute nicht mehr wegzudenken. Wenn beispielsweise die deutsche Synchronstimme von Bruce Willis spricht, klingen selbst biedere Mittelklasseautos nach verwegenen Männerabenteuern. Zukunftsorientierte Unternehmen entscheiden heute nicht nur, ob sanftes oder akzentuiertes Schließen der Autotür besser zum Produktimage passt oder welches Rascheln der Chips-Verpackung stärker zum Kaufen animiert. Auch welche Stimmen für das Produkt in Radio und TV werben dürfen, wird nach wissenschaftlichen Maßstäben entschieden; „auditives Marketing" ist heute bereits weithin etabliert.

Der wirtschaftliche Wert ansprechender Stimmen wird erst langsam erkannt. Denn so repräsentativ auch Broschüren oder Geschäftsfassaden sein mögen, der Ton jedes Mitarbeiters, jedes Vorstands, jedes Verkäufers und jedes Anrufbeantworters kann diesen ersten Eindruck schnell verändern. Das Potential der „Corporate Voice" ist noch lange nicht ausgeschöpft. Kein Wunder also, wenn das öffentliche Bewusstsein über die Macht der Stimme steigt. Deutlich öfter als noch vor zehn Jahren fragen Manager nach Trainingsmöglichkeiten, sind Stimmtrainer ausgebucht, erscheinen Bücher mit wertvollen Hinweisen zu dem Thema.

Gute Stimme und Sprechweise brauchen Vorbilder. Denn die Stimme kann sich nur am Modell bilden, z.B. im Elternhaus, in der Schule oder über die Medien. Früher waren geschulte Sprecher vor allem unter den Schauspielern des Theaters zu finden, die als Maßstab galten. Vorübergehend übernahmen Sprecher in Radio und Fernsehen diese Funktion. Doch wo erleben Sie heute gute Stimmen und eine wirklich geschulte Sprechweise? Oft ist nicht klar, wer als Beispiel dienen soll. Wo in Zukunft die Stimm-Vorbilder zu finden sein werden, ist eine offene Diskussion.

Was aber genau zeichnet eine gute Stimme aus? Sie umfasst deutlich mehr als nur Wohlklang: Klar und prägnant soll sie wirken, Aufmerksamkeit schaffen, sich durchsetzen, gut ankommen und in Erinnerung bleiben. Sie soll es ermöglichen, zu Wort zu kommen, zu Ende sprechen zu dürfen und inhaltlich gut verstanden zu werden.

In diesem Buch beantworte ich jene Fragen, die im Laufe der letzten zehn Jahre besonders oft an mich oder an die Internetplattform *www.stimme.at* gestellt wurden. Meine Seminarteilnehmer erwarten rasch anwendbare Lösungen, die sicher auch Sie interessieren. In meinen Antworten werden Sie lesen, wie das Offensichtliche neugierig hinterfragt wird. So erhalten Sie neben den ganz praktischen Tipps für Ihren Kommunikationsalltag auch wissenswerte Hintergründe für das tiefere Verständnis.

Worum es in diesem Buch geht:

Ihre Stimme – wie ihre unbewusste Wirkung entsteht
Ihre Stimme – wie Sie sie beeinflussen können
Ihre Stimme – was Sie von den Profis lernen können
Ihre Stimme – wie Sie in Gesprächen, beim Präsentieren und am Telefon stimmlich noch besser wirken
Ihre Stimme – was Sie in Zukunft tun können, um authentisch und „stimmig" zu wirken

Sie erfahren in diesem Buch:

⋯⋗ wie Sie in stressigen Situationen eine ruhige Stimme bewahren
⋯⋗ wie Sie auch in lebhaften Meetings zu Wort kommen
⋯⋗ weshalb Ihre Stimme vom Anrufbeantworter so fremd klingt
⋯⋗ was ansteckendes Gähnen und erfolgreiche Redner gemeinsam haben
⋯⋗ weshalb gewolltes, unechtes Lächeln am Telefon nicht bekömmlich und mancher Vortrag das bessere Schlafmittel ist
⋯⋗ wie Sie auch bei längeren Präsentationen stimmlich frisch und motivierend wirken
⋯⋗ Notfall-Tipps – wenn plötzlich die Stimme versagt
⋯⋗ Sekunden-Übungen für mehr Stimm-Fitness

Zugunsten der Lesbarkeit beschränke ich mich im Text auf die Nutzung von jeweils nur einer Geschlechterform. Die verwendete maskuline bzw. feminine Sprachform meint immer auch das jeweils andere Geschlecht.

Ich wünsche Ihnen eine angenehme Lektüre!
Ihr Arno Fischbacher

Kontakt:

Web: www.arno-fischbacher.com
           www.stimme.at
eMail: arno.fischbacher@stimme.at
Telefon: +43 (662) 88 79 12

2. Geheimer Verführer Stimme: Wie Ihre Stimme unbewusst wirkt

„Sprich, damit ich dich sehe."
– Sokrates

Lügendetektoren erkennen Sozialbetrüger!", meldete die Presse Anfang 2008. Das Londoner Harrow Council hat nach eigenen Angaben durch ein 'Voice Risk Analysis (VRA)' genanntes System große Summen eingespart und 43 unzulässige Zahlungen stoppen können. Zwölf englische Gemeinderäte setzten das System vom Start weg ein und analysierten den Stressfaktor in den Stimmen von Anrufern, die u.a. Informationen zu Transferleistungen geben oder Anträge stellen. Mögliche Faktoren sind dabei minimale Sprechverzögerungen und Unterschiede in den gegebenen Antworten. Nach der Einführung des Systems im Mai 2007 sollen mehr als ein Viertel aller Leistungsbezieher keinen weiteren Antrag gestellt haben – mehr als doppelt so viele wie vorher.

Unglaublich, wie deutlich die Stimme das tatsächliche Empfinden einer Person verrät. Weshalb ist das eigentlich so?

Als wäre sie ein Seismograf der Seele, macht die Stimme jede kleinste Regung des Menschen hörbar. Gefühle färben den Klang der Stimme ebenso rasch heller oder dunkler wie Gedanken. Das Besondere dabei ist, dass alles hörbar wird, ob wir wollen oder nicht. Oft sind es nur Nuancen, die weder dem Sprecher noch dem Zuhörer bewusst werden. Aber unbewusst werden diese Signale sehr wohl aufgenommen und entfalten machtvoll ihre Wirkung in der Kommunikation.

Welche Rolle spielt dabei speziell die Stimme? Wie groß ist ihr Einfluss auf die unbewusste persönliche Wirkung?

Es ist schon fast eine Binsenweisheit, dass die Stimme im persönlichen Kontakt fast 40 Prozent der Wirkung ausmacht. Im Jahr 1972 hatte Albert Mehrabian seine Studie „Silent Messages" veröffentlicht, aus der diese Zahlen stammen: Visueller Ausdruck 55 Prozent, Tonalität der Stimme 38 Prozent, Sprachinhalt 7 Prozent. Er hatte seinen Versuchspersonen Fotos mit emotional ausdrucksstarken Gesichtern gezeigt, dazu vom Tonband Worte in unterschiedlicher Tonalität eingespielt und überprüft, welche Botschaft ankam. Selten ist eine Studie so oft zitiert, aber auch so lautstark kritisiert worden wie diese.

Um besser zu verstehen, was die Stimme zu einem so wirkungsvollen geheimen Verführer macht, ist es nötig, beide Seiten zu analysieren: Was beeinflusst die unterschiedlichen Ausdrucksformen der Stimme – und wie wirken sie auf den Zuhörer?

Wie entsteht denn die starke Auswirkung der Stimme auf andere?

Erst 1995 konnte wissenschaftlich nachgewiesen werden, was bei der unbewussten Beeinflussung durch die Stimme (sowie auch die Körpersprache, Mimik, Gestik) vor sich geht.

Der Italiener Giacomo Rizzolatti und sein Forscherteam hatten eine unerwartete Entdeckung gemacht, als sie gerade die Gehirnaktivitäten eines Rhesusäffchens auswerteten. Einer der Forscher hatte vor den Augen des Äffchens nach einer Nuss gegriffen. Zur Überraschung der Forscher feuerten nun im Gehirn des Äffchens genau jene Neuronen im prämotorischen Kortex, die für die Ausführung der gezeigten Handlung zuständig wären. Unser betrachtendes Rhesusäffchen hatte sich aber nicht bewegt. Das Gehirn hatte die Bewegung „innerlich" nachvollzogen, „gespiegelt", um sie zu erfassen. Der heute verwendete Begriff dafür lautet *Spiegelneuronen*. Hierbei handelt es sich um Nervenzellen, die im Gehirn während der Betrachtung eines Vorgangs die gleichen Potentiale auslösen, wie sie entstünden, wenn dieser Vorgang nicht bloß (passiv) betrachtet, sondern (aktiv) gestaltet würde.

Sicher kennen Sie aus eigener Erfahrung die klassischen Beispiele, wie etwa die ansteckende Wirkung von Gähnen oder die Beobachtung, dass sich in einem Gespräch beide Partner gleichzeitig zurücklehnen, zum Glas greifen, die Arme verschränken etc. Wie groß die unmittelbaren körperlichen Auswirkungen von Stimme und Sprechweise sind, zeigt ein Experiment aus England, von dem der Sprecherzieher Horst Coblenzer erzählt. Mit der Erklärung, dass es um eine Studie zur Gedächtnisleistung gehe, wurden Studenten in einen Vortragssaal eingeladen. Der Vortragende war ein Schauspieler, der eine halbe Stunde lang über schwierige Materie referierte und dabei seine Stimme absichtlich so stark verspannte, dass sie einen heiseren Klang hatte. Nach Ende des Vortrags bat man die Studenten in das Foyer, doch statt des angekündigten Gedächtnistests ließ man sie ein paar Sätze vorlesen und analysierte ihre Stimmen. Der Großteil der jungen Leute war nun ebenfalls leicht heiser, obwohl sie während der ganzen Zeit kein Wort gesprochen hatten.

Bei der Wirkung der Stimme auf andere Personen sind also auch Spiegelneuronen beteiligt?

Auch wenn das oft gar nicht beabsichtigt ist, beeinflussen Menschen einander, sobald sie sich näher kommen. Denken Sie einmal an folgende Situation im Lift: Gerade noch waren Sie allein in der Kabine, haben vielleicht Ihr Spiegelbild kritisch betrachtet und waren in Gedanken vertieft. Plötzlich hält der Lift ein Stockwerk zu früh. Die Tür öffnet sich, jemand steigt zu. Was passiert nun? Meist wendet man sich ab, senkt den Blick, es entsteht dieses leicht beklommene Schweigen – und schon haben sich vielfältige biologische Faktoren verändert, vom Herzschlag bis zum Hautwiderstand.

Menschen beeinflussen einander sehr deutlich, auch absichtslos und ganz unbewusst allein schon dadurch, dass sie sich im selben Raum aufhalten.

Unser Gehirn spielt nach, was im anderen Menschen vorgeht, wann immer wir Stimmen hören, Blicke sehen, Mimik oder Bewegungsmuster wahrnehmen. Dadurch sind wir jederzeit über die inneren Zustände (Absichten, Motive, Gefühle und Befindlichkeit) anderer Menschen informiert. Die Spiegelneurone arbeiten *präreflexiv*, also noch bevor wir unsere eigene Reaktion darauf wahrnehmen können. Meist bleibt dieser Vorgang unbewusst – er ist die Grundlage der Empathie, also der menschlichen Fähigkeit, mitzuempfinden. Wenn dazu auch noch die Stimme erklingt, gehen die messbaren Auswirkungen auf den gesamten Organismus noch viel weiter:

⋯⋗ *Herz und Kreislauf:* Eine lebendige Stimme, präsentes Auftreten und überzeugende, klare Worte lassen den Puls ansteigen und regen den Kreislauf an. Eine energielose Stimme und monotone Sprechweise dagegen führt dazu, dass der Kreislauf herunterfährt.

⋯⋗ *Atem:* Eine gepresste Stimme und eine flache Atmung – z.B. aufgrund von Nervosität – blockieren auch die Atmung der Zuhörer, was meist als sehr unangenehm erlebt wird. Eine ruhige, sichere Stimme und eine tiefe Atmung dagegen führen auch bei den Zuhörern zu tiefer, ruhiger Zwerchfellatmung. Denken Sie als Beispiel an eine gut angeleitete Meditation.

⋯⋗ *Bewegung, Spannungszustand:* Ob Sie bei einer Präsentation aktiv mitleben oder zusammengesunken im Sessel sitzen, hängt in hohem Maß davon ab, wie viel Energie des Vortragenden über Stimme, Gestik und Modulation herüberkommt.

⋯⋗ *Befindlichkeit, Gefühle:* Nicht nur, dass über die Stimme an sich bereits Gefühle und Stimmungen übertragen werden. Darüber hinaus haben sicher auch Sie es schon erlebt, wie Teilnehmer einer Diskussion langsam ungeduldig und vielleicht sogar ärgerlich werden, wenn sich das Gespräch ohne Akzente dahinschleppt. Anders die angeregte, erwartungsvolle Stimmung im Saal nach den ersten Worten eines guten Redners.

⋯⋗ *Zeitempfinden:* Selbst die Wahrnehmung der Zeit verändert sich in Abhängigkeit von der Art und Weise eines Redebeitrages oder einer Präsentation. Je lebendiger etwa eine Rede ist, umso rascher pulsieren auch Ihre inneren Rhythmen (Herzschlag, Gehirnpulse, Lidschlag etc.). Das lässt Sie die Zeit kürzer erleben.

Auf die Spitze getrieben, ließe es sich so formulieren: Sobald Sie das Wort ergreifen und Ihre Stimme erklingt, übertragen Sie machtvoll und unbewusst alle eben genannten biologischen Muster spiegelbildlich auf Ihre Gesprächspartner.

 Ist diese starke Wirkung auf andere den Menschen im Moment des Sprechens überhaupt bewusst?

Während des Sprechens liegt der Fokus der Aufmerksamkeit normalerweise vor allem auf dem Ergebnis: „Was will ich mitteilen?", „Was soll bei meinem Gegenüber ankommen?", „Was will ich bewirken?". Gleichzeitig ist es nur sehr schwer möglich, detailliert die innere Bewegtheit und den daraus entstehenden Stimmklang selbst wahrzunehmen.

Das würde übrigens auch Ihrem Gegenüber sehr schwerfallen. In dem Moment, in dem andere sich ganz bewusst auf den Klang Ihrer Stimme konzentrieren, werden sie wahrscheinlich kaum noch exakt das wiedergeben können, was Sie gerade gesagt haben. Das hängt ganz einfach mit der Verarbeitungskapazität unseres Gehirns zusammen, welches *bewusst* nur eine bestimmte Anzahl an Reizen gleichzeitig verarbeiten kann.

Ist es also im Prinzip gleichgültig, was ich sage, wenn nur der Ton stimmt?

Natürlich nicht. Die Sprache ist und bleibt eine großartige Errungenschaft der menschlichen Spezies. Wie aber ist es dann erklärbar, dass die paraverbalen Signale (Tonalität, Tonfall, Modulation, Sprechgeschwindigkeit etc.) eine so starke Wirkung haben? Elf Millionen Reize, sagt die Forschung, strömen in jeder Sekunde von den vielen Sinnen des Menschen in Richtung Gehirn. Was verschafft manchen davon das Privileg, bevorzugt behandelt und in das Bewusstsein vorgelassen zu werden? Ein äußerst wirkungsvolles Filtersystem prüft ununterbrochen, was von Auge, Ohr, Nase etc. angeliefert wird und entscheidet für Sie, was Sie anschließend bewusst sehen, hören oder riechen. Das Verhältnis zwischen ausgefilterten und bewusst wahrnehmbaren Reizen ist dramatisch. Von elf Millionen Informations-Bit nehmen wir gerade einmal vierzig bewusst wahr!

In Bezug auf die *auditiven* (= hörbaren) Signale, die an das Gehirn gesendet werden, ist die Reihenfolge der Verarbeitung ausschlaggebend. Die Entwicklungsgeschichte unseres Gehirns bedingt, dass in den ältesten Arealen des Gehirns vorweg geprüft wird: „Woher kommt das Geräusch? Bedroht es mich? Muss ich flüchten oder kann ich angreifen? Fühle ich mich vielleicht sexuell angezogen?" Erst, wenn diese Prüfung ergeben hat, dass es sich um keine lebensbedrohliche Gefahr oder überlebenswichtige Information handelt, ist Zeit für die Prüfung auf Beziehungsreize. Das limbische System als „Beziehungsgehirn" reagiert dann etwa mit: „Oh, ist das süß!", „Wow!", „So ein Angeber!" etc. Bis es zur eigentlichen Sprachverarbeitung kommt, sind dadurch bereits ungefähr 0,2 Sekunden vergangen! Erst dann wird aus dem „Sprachlexikon" des Gehirns zurückgemeldet: „Ja! Die gehörten Laute ergeben ein Wort, das ich abgespeichert habe. Es heißt: xyz."

Mit anderen Worten: Bis im Gehirn nach etwa einer Fünftelsekunde ein Wort verstanden wird, haben längst unbewusst gesteuerte Reflexe und eine emotionale Bewertung stattgefunden. Diese lässt uns dann ein und dasselbe Wort einmal sachlich, einmal ärgerlich oder sogar als Beleidigung verstehen. So entstehen Ironie und Sarkasmus, indem die Bedeutung einer Aussage durch den Tonfall ins Gegenteil verkehrt wird. Als kleiner Anhaltspunkt: Im Redefluss sprechen Menschen vier bis acht Silben pro Sekunde.

Wodurch entstehen diese vielfältigen Nuancen der Stimme?

Stimme ist Bewegung.

Dieser kurze Satz bringt genau auf den Punkt, um was es geht: Stimme *ist* Bewegung. Wenn Sie Ihre Stimme erheben, sind in diesem Moment mehr als einhundert Muskeln daran beteiligt, wie laut und in welcher Höhe Ihre Stimme hörbar wird und wie dieser Ton klingt. Abgesehen von den rein körperlichen Gegebenheiten, auf die ich später noch kurz zu sprechen komme, nehmen die Vielzahl der Gedanken, Gefühle und Stimmungen direkten Einfluss auf die Stimme. Sie führen dazu, dass die Stimme ein und derselben Person so vielfältig klingen kann. Eine Tatsache übrigens, die den meisten Menschen selbst kaum bewusst ist.

Es ist kein Zufall, wenn wir davon sprechen, „innerlich bewegt" zu sein. Die Stimme drückt exakt das aus, was im Menschen gerade vorgeht. Sie macht hörbar, was Sie gerade denken, was Sie empfinden und fühlen. Die Reaktion der Stimme auf innere Regungen erfolgt unmittelbar, schonungslos – und meist unbewusst.

Vielleicht fragen Sie sich nun, ob es dann nicht ganz verkehrt ist, ausgerechnet das letzte Glied der Kette, die Stimme, verändern zu wollen. Wäre es nicht viel logischer, bei den Bestandteilen zu beginnen? Nach meinem Verständnis ein sehr guter Ansatz. Insbesondere in heiklen Situationen ist es wirkungsvoll, rasch zu prüfen, welche Triebfeder der Stimme Sie im Moment wohl am leichtesten beeinflussen können:

⤑ Ist es Ihre Befindlichkeit?
⤑ Sind es Gefühle, die Sie lieber nicht nach außen zeigen möchten?
⤑ Ist es die Körperhaltung?
⤑ Ist es der Fokus Ihrer Aufmerksamkeit?

Die Spiegelneuronen verraten doch dabei ohnehin ständig unsere Gedanken und Gefühle ...

Sie lassen andere zumindest ahnen, was in uns vorgeht. Ob Sie das als „Verrat" empfinden, ist eine Frage der Sichtweise. Können Sie tatsächlich Ihre Emotionen verbergen und ist das überhaupt wünschenswert? Die meisten Menschen gehen davon aus, dass es so ist. „Was kann ich tun, damit meine Nervosität in der Stimme nicht so stark hörbar ist?", lautet eine oft gestellte Frage in meinen Seminaren. Der Haken an der Sache ist: Wenn Sie Ihre Gefühle unterdrücken oder verstecken, so erreichen Sie in der Regel das Gegenteil: Ihre Mitmenschen nehmen zumindest unterschwellig wahr, dass Sie gerade etwas verbergen wollen, dass Sie nicht ganz aufrichtig sind. Möglicherweise konzentrieren sie sich nun sogar stärker darauf herauszufinden, was genau Sie zu verbergen versuchen, als auf das, was Sie ihnen mitteilen möchten. Daher macht es wenig Sinn, Gefühle oder Absichten zu verbergen und etwas anderes vorzugeben. Sie wirken dann eher zwiespältig, verwirrend und sind nicht mehr *kongruent*.

Sprechen Sie daher Empfindungen oder Gefühle gezielt an:
⤑ „Dass ich heute vor einem so großen Publikum sprechen darf, lässt mein Herz ordentlich höher schlagen ..."
⤑ „Ich habe das Gefühl, wir drehen uns im Moment im Kreis. Wollen wir eine kurze Pause machen?"

So zeigen Sie, dass Sie auf das achten, was vor sich geht. Und dass Sie Ihre Gefühle und die der anderen ernst nehmen. Ihre Stimme wird es Ihnen danken und darauf prompt reagieren.

Macht mich Stimmtraining denn auch sensibler für andere?

Wenn Sie ein heikles Gespräch zu führen haben: Wäre es nicht sehr hilfreich, rascher und genauer erfassen zu können, was im anderen vorgeht? Die Arbeit an der Stimme lehrt Sie den präzisen Einsatz dieser Potentiale. Stimmtraining ist Sinnes-Training, bei dem insbesondere zwei Sinne geschult werden: Ihr Gehör und Ihr Körpersinn. Damit ist die Fähigkeit gemeint, selbst feinste Bewegungen oder Schwingungen zu erspüren. Erst wenn Ihre „inneren Messfühler" geeicht sind, werden Sie steuerungsfähig. Ihre neu „gestimmten" inneren Sensoren lassen Sie nun nicht nur die Gefühle anderer rasch erfassen, sie sind auch der Schlüssel zur aktiven Beeinflussung Ihrer Stimme.

Dauert das nicht sehr lange, bis ich gelernt habe, auf diese vielen unterschiedlichen Einflüsse zu achten?

Nicht unbedingt. Fragen Sie sich doch, ob es nötig ist, alles auf einmal zu bearbeiten. Wie wäre es, wenn Sie stattdessen schrittweise vorgehen? Beginnen Sie dort, wo Sie den schnellsten Erfolg vermuten. Meine Empfehlung ist, nach jedem Arbeits- und Übungsschritt eine kurze Pause zu machen, den Erfolg zu genießen und die Ergebnisse zu notieren. So vermeiden Sie Selbstüberforderung und Frust, wenn nicht alles auf einmal gelingt.

Vielleicht kennen Sie das aus Seminaren oder Vorträgen, wenn Sie die interessanten Inhalte anschließend frisch und motiviert sofort umsetzen möchten? Doch dann funktioniert es nicht so, wie Sie es sich ausgemalt haben und Sie lassen es lieber gleich ganz bleiben. Was könnten weitere Gründe sein, die Sie davon abhalten, Ihre im Seminar so motiviert gefassten Vorsätze weiter zu verfolgen? Vielleicht stellen Sie fest, dass Ihnen plötzlich die Zeit fehlt oder dass Sie ganz einfach keine Lust haben zu üben, denn im alltäglichen Geschäfts- und Privatleben haben ganz andere Dinge Priorität. Das ist weder verwunderlich noch ein Mangel an Disziplin, jedoch auch nichts, auf dem man sich ausruhen dürfte. Hier greift ein sehr mächtiger, innerer Mechanismus: der _Autopilot_, unsere energiesparende Selbststeuerung.

Wie wirkt dieser „Autopilot"?

Im Alltag tun wir viele Dinge gleichzeitig und automatisch. Ohne nachzudenken fahren Sie beispielsweise im Auto von A nach B, telefonieren eventuell dabei oder legen eine CD ein. Viele scheinbar banale Aktivitäten wie Gehen, Schreiben, Sprechen etc. werden bereits in der Kindheit erlernt und seither auf nahezu immer die gleiche Weise ausgeführt. Dadurch brennen sich diese Aktivitäten ein und werden als „normal" empfunden. Wir führen diese Bewegungen ohne bewusste Aufmerksamkeit aus. Das hat für den Organismus einen ganz einfachen Sinn: Er spart Energie. Sobald Sie nun etwas anderes als gewohnt tun möchten, tauchen unbewusste Widerstände auf. Es ist, als wollte die Plattennadel immer wieder auf die alte Rille zurückspringen. Die eingespielte Selbststeuerung des Autopiloten führt Sie unbewusst immer wieder in das alte Verhalten zurück.

Um eine neue Rille anzulegen, ist es anfangs nötig, einen Moment innezuhalten und bewusst umzuschalten. Nur so setzen Sie Ihre Ziele schnell und zufriedenstellend um und gelangen zum gewünschten stimmlichen oder sprecherischen Ausdruck. Mit der Zeit werden Sie auf das neue Verhalten immer routinierter und einfacher zugreifen können und früher oder später ist das „bewusste Umschalten" nicht mehr nötig.

Wie kann ich üben, den Schalter bewusst umzulegen?

Der Mensch kann jeweils nur eine Handlung zu einem bestimmten Zeitpunkt *bewusst* steuern. Daher ist es sinnvoll, sich für eine gewisse Zeit auf ein begrenztes Ziel zu konzentrieren und darin den ersten, kleinen Schritt zu setzen. Sie erhöhen dadurch Ihre Resultate und machen die Ergebnisse separat pro Schritt erlebbar.

Das folgende einfache Beispiel zeigt Ihnen, wie Sie das unmittelbar einmal selbst ausprobieren können:

Praxis-Tipp: Das magische 1. Wort

Angenommen, Sie würden gerne schon vom ersten Wort an Aufmerksamkeit schaffen und gut verstanden werden. Sie sind es leid, dass öfter nachgefragt wird oder dass weitergesprochen wird, obwohl Sie etwas gesagt haben. Wenn es Ihnen wichtig ist, dass Ihre Gedanken oder Meinungen von den anderen gehört werden, nutzen Sie das „magische 1. Wort". Und das geht so:

⤏ Die ersten Worte eines Redebeitrags dienen dazu, Kontakt zu den Zuhörern herzustellen und Aufmerksamkeit zu erzielen. Der Schlüssel liegt in der Kontaktaufnahme durch die Betonung des ersten Wortes. Eine kurze Pause nach dem ersten Wort erzeugt einen Neugierreflex und sichert Ihnen für einen kurzen Moment die Aufmerksamkeit: „Wenn [Pause] Sie an ... denken."

⤏ Kurz innehalten: Wenn Sie Ihre Stimme erheben, dann aber kurz innehalten, bevor Sie zu sprechen beginnen, senden Sie ein „Achtungssignal". Die Neugier auf das, was folgt, wird Ihnen Aufmerksamkeit sichern. Damit haben Sie Ihre Zuhörer voll bei sich. Anstatt wie gewöhnlich routiniert „Guten Morgen, meine Damen und Herren!" zu sagen, beginnen Sie diesmal mit *„Einen ..."* – und halten kurz inne. Durch diesen Trick der Moderationsprofis haben Sie einen *Neugier-Reflex* erzeugt!

Sobald das getan ist, überlassen Sie den Rest des Satzes Ihrer automatisierten Selbststeuerung, auch auf die Gefahr hin, dass er bereits nicht mehr so klingt, wie Sie es sich wünschen.

Auf diese Weise sammeln Sie kleine Erfolgserlebnisse. Sie werden bemerken, dass es Ihnen sehr schnell leichter fällt, diesen ersten Schritt zu tun. Was Sie am Anfang womöglich noch als ungewohnt und „nicht normal" empfinden, wird Ihnen immer vertrauter. Ihr Vorteil dabei ist: Da es nur ein kleiner Schritt ist, von dem Ihre Gesprächspartner nichts wissen, werden sie auch nicht mitbekommen, ob das Vorhaben gelingt oder nicht. Durch Wiederholung und Üben brennt sich das alternative Verhalten immer stärker ein und wird damit einfacher verfügbar.

Achtung: Es ist nicht ausgeschlossen, dass Sie wie von selbst Lust darauf bekommen, noch einen Schritt weiterzugehen und etwas Neues auszuprobieren. Das ist ein erwünschter Nebeneffekt. Seien Sie neugierig darauf, Ihre Wirkung zu testen. Der Schlüssel liegt ganz einfach darin, den Schritt klein genug zu setzen und das Üben lustvoll zu gestalten. Schritt für Schritt zu immer mehr stimmlicher Überzeugungskraft – wer so den Ausdruck seiner Stimme zu steuern vermag, hat großen Einfluss auf das Unbewusste seiner Gesprächspartner und Zuhörer. Es wäre doch schade, wenn Sie diese Chance vergeben und nach kurzer Zeit die Flinte ins Korn werfen.

Ist das nicht bereits Manipulation?

Stellen Sie sich einmal vor, Sie nehmen an einem Meeting teil. Beginn ist 14 Uhr, Sie und die anderen Teilnehmer kommen gerade aus der Mittagspause. Nach der üblichen Verzögerung fasst der Projektleiter zum Einstieg die Ergebnisse der letzten Tage zusammen. Sie bemerken, wie Ihre Aufmerksamkeit immer mehr schwindet. Ganz langsam kriecht ein schläfriges Gefühl in Ihnen hoch und erreicht schließlich Ihre Augenlider. Die bleierne Müdigkeit erfüllt Sie ganz, Sie nicken ein und werden plötzlich mit einem Ruck wach, da Ihr Kopf gerade nach unten gekippt ist.

„Na logisch", sagen Sie, „jeder kennt diese besonders schwierige Zeit direkt nach dem Mittagessen, in der die Energiekurve ein deutliches Tal durchläuft. Darüber hinaus klingt das auch noch nach eher trockenen Inhalten." Sind Sie sicher, dass Ihre Unaufmerksamkeit nur an Ihrem vollen Magen und an den Inhalten liegt? Ich würde das nicht unterschreiben. Vielleicht hatten Sie das Glück, es auch schon einmal anders zu erleben. Wie angenehm belebend ist es, wenn eine kraftvolle Stimme klare Worte spricht, die einladende Körpersprache sichtbar Akzente setzt und wir mit abwechslungsreicher Modulation in Schwung gebracht werden?!

Was ist der entscheidende Unterschied zu langatmigen Ausführungen mit energieloser Sprechweise und monotoner Stimme? Während Sie einmal mit jedem aufgenommenen Satz ein wenig Energie dazu gewinnen, geistig mit dabei sind und vermutlich aufrecht sitzen, reagiert das andere Mal Ihr ganzes Biosystem komplett anders: Ihr Herz schlägt langsamer, Ihre Atmung wird flacher. Sicher sitzen Sie etwas abwartend, vielleicht auch gelangweilt. Sogar am Hautwiderstand wäre Ihre Stimmung abzulesen. Wir Menschen beeinflussen einander machtvoll unbewusst, wenn wir miteinander kommunizieren – ob wir das beabsichtigen oder nicht.

Wenn ich das also gezielt einsetze, ist es doch tatsächlich Manipulation ...

Man könne nicht nicht kommunizieren, besagt eines der berühmten Axiome von Paul Watzlawick. Selbst wenn Sie einer klaren Antwort ausweichen oder gar ein Gespräch verweigern, senden Sie damit eine Botschaft an Ihren Gesprächspartner. Ähnlich ist es mit der Beeinflussung durch die Stimme. Ist es Manipulation, wenn die Elemente der persönlichen Wirkung bewusst eingesetzt werden, um Ziele besser zu erreichen? Heute setzt sich mehr und mehr durch, zwischen legitimer Beeinflussung und unethischer Manipulation zu unterscheiden.

Um zu manipulieren (negativ besetzt), aber auch um zu beeinflussen (positiv besetzt), sind dieselben drei Faktoren nötig: Macht, Wirkung und Absicht. Allein, ob Ihre Absichten lauter oder unlauter sind, entscheidet, ob wir von Beeinflussung oder Manipulation sprechen. Es geht um die persönliche Verantwortung in der Kommunikation. Aber heißt das, unlautere Absichten zu verfolgen sei verwerflicher als die im Sitzungszimmer versammelte Abteilung mit einer peinlich langweiligen Präsentation zu nerven? Nur weil ein Redner sich seiner einschläfernden Wirkung nicht bewusst ist, schmälert das nicht seine Verantwortung.

Verantwortungsvoll und nachhaltig (Beziehungen erhaltend) zu kommunizieren, heißt somit:
·∙⟩ mit der eigenen Machtposition verantwortungsbewusst umgehen;
·∙⟩ die eigenen Absichten immer wieder prüfen;
·∙⟩ die Macht von Stimme, Körpersprache und Sprache bewusst nutzen und sie zum Wohl der Kommunikationspartner anregend einsetzen.

3. Was Sie auf jeden Fall über Stimme wissen sollten

„Suche keine Effekte zu erzielen, die nicht in deinem Wesen liegen."
– *Kurt Tucholsky*

Hätten Sie auf Anhieb gewusst, wie viele Stimmbänder (Fachausdruck: Stimmlippen) der Mensch hat? Oder weshalb das „a" anders klingt als das „o"? Dass die Stimme aus dem Hals kommt, ist offensichtlich. Dennoch wissen nur wenige Menschen genauer, wie die eigene Stimme „funktioniert". Was genau lässt die Stimme klingen? Lesen Sie im Folgenden mehr über die Entstehung eines der faszinierendsten Ausdrucksmittel des Menschen: des Stimmklangs und der Sprache.

GRUNDLAGEN TEIL 1: MECHANIK DER STIMME

Was genau ist Stimme und wie entsteht sie?

„Das ist doch alles nur heiße Luft." – Kennen Sie diesen Ausdruck? Was die Stimme betrifft, ist da tatsächlich etwas dran. Auch wenn zu hoffen ist, dass *Sie* nicht nur heiße Luft verbreiten, wenn Sie sprechen – Ihre Stimme „besteht" zu 100 Prozent aus Luft. Physikalisch richtig formuliert, sind es feine Luftdruckunterschiede, Schallwellen, welche die Luft in Schwingung versetzen. Sie pflanzen sich wie Wellen in einem Teich von Ihnen zu Ihren Gesprächspartnern fort.

Doch wie entstehen diese Wellen? Es sind die beiden Stimmlippen im Kehlkopf, die von der Ausatemluft beim Sprechen, Lachen, Singen oder Brummen in Schwingung versetzt werden. Sie fungieren wie ein Vorhang: Solange Sie still atmen, lassen die geöffneten Stimmlippen die Atemluft ungehindert von den Lungen durch den Kehlkopf bis nach außen strömen. Sobald den Menschen aber ein Sprechimpuls durchströmt, schließen sich die Stimmlippen, der Ausatem ist für einen Moment blockiert, leichter Atemdruck entsteht. Das „zwängt" für ganz kurze Zeit die Stimmlippen auseinander, der Druck entweicht, die Stimmlippen schließen sich wieder. Dieser Vorgang wiederholt sich nun beim Sprechen mit Höchstgeschwindigkeit zwischen 100 und 500 Mal pro Sekunde, sodass ein hörbarer Ton entsteht.

Tipp: Lippenflattern lässt Sie diesen komplexen Vorgang ganz einfach simulieren: Schließen Sie Ihre Lippen und pusten Sie Luft hindurch, schnauben Sie wie ein Pferd. Spüren und hören Sie, wie die Lippen flattern? Dieselbe Schwingung entsteht in Ihrem Kehlkopf, wenn Sie einen Ton von sich geben. Übrigens: Einfacher funktioniert es, wenn Sie die Lippen mit der Zunge befeuchten. Und auch das simuliert einen wesentlichen Aspekt: Das schnelle Öffnen und Schließen zur Tonerzeugung ist eine nicht zu verachtende Belastung für die Stimmlippen. Indem Sie genügend trinken, helfen Sie der sensiblen Schleimhaut, welche die Stimmlippen umhüllt, ihre Flexibilität und Leistungsfähigkeit zu erhalten.

Schwingen die Stimmlippen beim Sprechen immer?

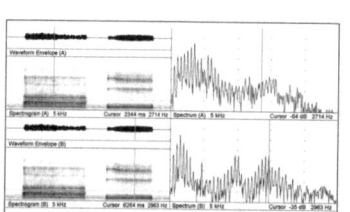

Stimmvisualisierung im Sonagramm. Zu sehen ist ein klar artikulierter Übergang zwischen den Lauten a und e.

Wenn Sie Lust haben, probieren Sie es gleich einmal aus: Legen Sie Ihre Hand auf den Kehlkopf, sanft und ohne Druck, und sprechen Sie zuerst laut lang gezogen „aaa, eee, iii, ooo, uuu, ööö, üüü, äää". Gehen Sie über zu langen, stimmhaften „mmmm, lllll, nnnnnn, nng, jjjjjjj, wwwww". Zischen Sie schließlich wie eine Schlange „ssssss" oder „schschschsch" sowie „fffff", als wollten Sie eine Kerze ausblasen. Sprechen Sie auch Konsonanten kurz, hart und stimmlos aus „k, p, t".

Welchen Unterschied spüren Sie? Bei den klingenden Elementen vibriert es im Hals, dann jedoch nicht mehr. Verständliche Sprache braucht beides: den Klang, der durch Vokale und Klinger entsteht wie „l", „m", „n", „ng", und die Zisch-, Reibe- und Explosivlaute. Im Gegensatz zum Klang, der aus der Vibration der Stimmlippen entsteht, gelten sie als „Geräusch", das in der Artikulationszone (Mund, Rachen etc.) geformt wird. Wie beim Pfeifen wird dabei die Luft verwirbelt, die Stimmlippen im Kehlkopf leisten dazu keinen Beitrag.

Wann ist meine Stimme beim Sprechen am besten verständlich?

Gut verstanden werden Sie nur dann, wenn beide Grundbausteine der Sprache, Klang und Geräusch, zu ihrem Recht kommen. Sobald diese Balance gestört ist, fehlt Entscheidendes. Sicher haben Sie schon einmal einen Betrunkenen lallen gehört. Die emotionale Botschaft ist dabei meist durchaus herauszuhören, denn sie transportiert sich über die Vokale und Klinger. Fehlen aber die Konsonanten, ist der Inhalt kaum zu verstehen, denn erst sie geben der Sprache den nötigen Takt und Rhythmus. Umgekehrt ist allzu konsonantenbetontes, abgehacktes Sprechen zwar besser verständlich als „mundfaules" Nuscheln, es wirkt aber meist emotionslos und lässt die Zuhörer eher kalt.

Als besonders angenehm und gut verständlich wird die Sprechweise dann empfunden, wenn entspannte Intonation (Kehlkopf) und lustvolle Artikulation (Mund, Zunge, Mimik) situationsgerecht zusammenspielen. Und das ist immer dann gewährleistet, wenn bewegter, aber entspannter Atem die Stimme in Schwung bringt. Eine gute, ausgeglichene Sprechweise setzt federnde und freie Atmung voraus. Sie ist die treibende Kraft und beeinflusst die Stimme ganz entscheidend, denn der Stimmton wird ausschließlich von der Atemluft „angetrieben". Ist der Atemstrom zu flau, schwingen die Stimmlippen nur mühsam, die Stimme wirkt rau und kraftlos. Presst der Atemstrom zu sehr nach oben, verspannen sich als Gegenreaktion die Stimmmuskeln – die Stimme klingt dann oft hart oder eng und wird höher.

Ich höre immer wieder, die Brustatmung wäre nicht so vorteilhaft wie die Bauchatmung. Welche Atmung ist denn die richtige?

Die Unterscheidung zwischen Brust- und Bauchatmung führt vielfach zu Missverständnissen, denn geatmet wird generell mit den Lungen. Um die Hintergründe besser zu verstehen hilft es, die Arbeitsweise der Atmung genauer zu betrachten.

Die Lungen werden oft mit einem Schwamm verglichen, der die Atemluft aufnimmt und wieder abgibt. So wie ein großer Schwamm beider Hände bedarf, die ihn drücken, braucht auch die Lunge zwei Kräfte:

⋯⟩ die Muskulatur im Brustkorb, die sie weitet und verengt und

⋯⟩ die Arbeit des Zwerchfells, das den Brustkorb unten gegenüber dem Bauch ganz abschließt und bei der gesunden, entspannten Atmung – vergleichbar mit dem Kolben einer Luftpumpe – den Hauptteil der Atemarbeit leisten sollte.

Sichtbar wird die Brustatmung durch das Auf und Ab der Schultern, während bei der Bauchatmung die Beweglichkeit des Zwerchfells zu einer Erweiterung von Bauch und Lenden führen.

Was ist also jetzt die „richtige" Atmung? Nur eine ausgeglichene, wechselseitige Unterstützung der beiden Atemkräfte ist die beste Voraussetzung für eine klangvolle Stimme und eine verständliche Sprechweise. Doch der Alltag sorgt mit seinen vielfältigen Ansprüchen für Störungen dieses Gleichgewichtes und schnell ist es einmal zu wenig und einmal zu viel des Guten. Sowohl zuviel als auch zu wenig Muskelspannung schränkt die Atmung ein:

⋯⟩ *Stress führt zu Hochatmung.* Durch Stress entsteht allgemein eine erhöhte Muskelspannung im Körper, das Atemgeschehen verlagert sich hinauf in Richtung Brust und Schultern. Beim Einatmen heben sich sichtbar die Schultern und es entsteht das Gefühl, als würde der Atem die obere Hälfte des Brustkorbs füllen. Bei dieser Atmung erhalten nur die oberen Bereiche der Lunge „Frischluft". Das belastet den Organismus, weil er nicht ausreichend mit Sauerstoff versorgt wird. Es verstärkt sich die Tendenz zum Einatmen, so dass sich zuviel Luft staut, Kurzatmigkeit entsteht. Die Stimme klingt jetzt eher gepresst und angestrengt.

⋯⟩ *Nachlässige Körperhaltung im Sitzen und Stehen behindert das Zwerchfell.* Der zentrale Atemmuskel braucht Raum zum Arbeiten. Wenn im Sitzen mit rundem Rücken der Bauch nach oben drückt oder auch der Gürtel einschnürt, ist das Einatmen behindert. Gleichzeitig fehlt nun auch in all jenen Muskeln in der Körpermitte die Spannung und Energie, die das Zwerchfell zur Unterstützung so dringend benötigt. Die Stimme klingt deshalb oft kraftlos, manchmal auch zu leise oder rau und holprig. Auch im Stehen wirkt sich eine lasche Haltung hörbar aus.

Wie kann ich die Unterschiede in der Brust- und Bauchatmung erfahren?

Um sich des Unterschieds zwischen Brust- und Bauchatmung besser bewusst zu werden, setzen Sie sich zuerst aufrecht auf die Vorderkante des Stuhls.

⋯⟩ Atmen Sie ganz normal und entspannt ein und aus. Vielleicht schließen Sie die Augen, um die Bewegung in Bauch und Brust noch besser spüren zu können.

⋯⟩ Legen Sie nun eine Hand auf die Brust und atmen Sie bewusst in die Stelle, wo Ihre Hand liegt.

⋯⟩ Jetzt legen Sie eine Hand flach auf den Unterbauch, am besten unterhalb des Gürtels. Atmen Sie wieder bewusst hin zu dieser Stelle und lassen Sie den Atem tief einströmen.

Sicher stellen Sie fest, dass Ihr Atem sich fast automatisch stärker in den Bereich verlagert, in dem Ihre Hand liegt. Sie können das auch einmal ausprobieren, indem Sie die Hand wie gerade beschrieben eine Zeit lang auf die Brust und dann eine Zeit lang unterhalb des Gürtels legen, dabei jedoch nicht bewusst hin zu dieser Stelle atmen. Verlagert sich die Atmung dennoch?

Auf jeden Fall lohnt es sich, sich seiner Atmung immer wieder bewusst zu werden. Legen Sie einfach ab und zu eine kleine Atempause ein. Neben der Entspannung lenken Sie Ihre Aufmerksamkeit auch für eine kurze Zeitspanne auf etwas ganz anderes. Das unterstützt z.B. dabei, eben Erlerntes ins Gedächtnis zu transportieren, wie die Forschung heute beweist. Gehen Sie daher gleich noch einen Schritt weiter in der Entwicklung Ihres Atembewusstseins:

Tipp: Beginnen Sie, zwischen Ruheatmung (stilles Atmen ohne Ton) und Sprechatmung zu unterscheiden. Folgende kleine Übung unterstützt Sie dabei:

⋯⟩ Sitzen Sie aufrecht und entspannt und lassen Sie Ihren Atem einfach nur kommen und gehen. Achten Sie nun präzise darauf, wann genau Ihr Körper Arbeit leistet. Ist es beim Einatmen oder beim Ausatmen?

⋯⟩ Stellen Sie sich nun vor, Sie sollten eine Kerze ausblasen. Sie stützen dazu Ihre Hände seitlich in die Lenden und pusten mehrmals kräftig und kurz in Richtung der imaginären Kerze: „fffffh!" „fffffh!". In welcher Phase des Atmens arbeiten Ihre Muskeln dieses Mal und wann lassen sie los?

Sicher können Sie gut spüren, was die Ruhe- von der Sprechatmung unterscheidet. In Ruhe arbeiten die Muskeln beim Einatmen, das Ausatmen ist dann eine Art Loslassen. Beim Sprechen geschieht das genau umgekehrt.

Wie kann ich im Alltag die optimale Atmung fördern?

Sie können zum Beispiel zwischendurch einfach mal kleine Atempausen einlegen, aufstehen, sich recken und strecken, um die Muskeln zu aktivieren und zu dehnen. Auch am Schreibtisch sitzend können sie sich strecken und ein wenig bewegen. Lassen Sie beispielsweise Ihre Schultern kreisen. Setzen Sie sich aufrecht hin und bewegen Sie Ihren unteren Rücken, als wollten Sie einen Hula-Hoop-Reifen schwingen lassen oder strecken Sie sich genüsslich. Achten Sie generell auf eine ausbalancierte und aktive Körperhaltung, indem Sie aufrecht stehen oder sitzen, mit beiden Füßen am Boden.

Tipp: Beim Telefonieren ab und zu aufzustehen, mobilisiert die Wirbelsäule und lässt die Gestik freier werden. Das wiederum stärkt die Atmung und somit Ihre Stimme. Sie hat nun mehr Durchsetzungskraft und klingt dynamischer. Eine kleine Veränderung, mit der Sie Ihren Aussagen bereits mehr Gewicht verleihen.

Auf einen Blick: Stimme ist Schwingung. Den Anstoß und den Schwung für dieses wundersam tönende Auf und Zu der Stimmlippen liefert Ihre Atmung. Wenn Sie möchten, dass Ihre Stimme angenehm und klangvoll schallt, sorgen Sie dafür, dass weder zuviel Druck sie verengt, noch eine lasche Körperhaltung ihren Ton ausdünnt. Aktive Haltungen im Sitzen wie im Stehen unterstützen das Zwerchfell und fördern die Bauchatmung. Körperliches Aufrichten erlaubt den Schultern zusätzlich loszulassen, was positiv auf den Kehlkopf wirkt. Die Stimme klingt voller und gelöster. Wenn Sie den Nacken etwas aufrichten und Ihr Kiefer loslässt, haben Sie beste Voraussetzungen geschaffen für eine volle Stimme, präzise Aussprache und plastische Artikulation. Bewusst Einfluss nehmen heißt Unterschiede wahrnehmen zu können. Schulen Sie dafür Ihre Körperwahrnehmung und Ihr Gehör. Denn erst wenn Sie die feinen Unterschiede spüren und hören, sind Sie steuerungsfähig.

GRUNDLAGEN TEIL 2: EINFLÜSSE AUF DIE STIMME

„Die Gewohnheit ist ein Seil. Wir weben jeden Tag einen Faden, und schließlich können wir es nicht mehr zerreißen", meinte Thomas Mann. Sicher kennen Sie das sehr gut aus eigener Erfahrung. Denken Sie beispielsweise an Essgewohnheiten, Schlafgewohnheiten, wiederkehrende Verhaltensweisen, die durch jahrelanges Praktizieren ohne großes Nachdenken stattfinden. Was glauben Sie, wie stark wohl all jene Gewohnheiten bereits ausgeprägt sind, welche Ihre Stimme und Sprechweise betreffen? Auf den vorangegangenen Seiten haben Sie bereits erfahren, dass in Ihnen viele Organe, Muskeln und Sinne zusammenwirken, damit Sie mit klangvoller Stimme verständlich sprechen können. Selbst wenn Sie es wollten, könnten Sie nicht an allen Rädchen sofort und gleichzeitig drehen.

Welche Einflussfaktoren der Stimme gibt es und wie kann ich Veränderungen bewirken?

Um Ihnen dies zu verdeutlichen, fasse ich die wichtigsten Einflussfaktoren der Stimme in drei Kategorien zusammen:

- ⇢ *Die biometrisch erfassbaren Grundvoraussetzungen der Stimme:* langfristig stabile Charakteristika des Menschen, die sich messen lassen und unverwechselbar einem Menschen zuzuordnen sind. Darauf haben Sie keinerlei Einfluss.

···⟩ Der erlernte *Stimmgebrauch:* Er ist geprägt durch jahrelange Gewohnheit. Die Art und Weise, wie Sie Ihre Stimme nutzen. Diesen Bereich können Sie mit einiger Übung beeinflussen.

···⟩ *Momentane Einflüsse* verändern Ihre Stimme situationsbedingt. Gewusst wie, können Sie hierauf kurzfristig Einfluss nehmen.

Was ist mit dem „erlernten Stimmgebrauch" konkret gemeint?

Vom ersten Brabbeln als Kind an „trainiert" der Mensch unbewusst den Gebrauch von Stimme und Sprechweise. Dabei reagiert die Stimme seit den ersten Lebensjahren in jeder Sekunde auf vielfältige Einflüsse. Unzählige Male wiederholt, entsteht so über Jahre hinweg Ihre persönliche Art und Weise, die Stimme zu nutzen.

Die wichtigsten Einflussfaktoren, die zu Ihrem typischen Stimmgebrauch führen, sind:

···⟩ Vorbilder (Eltern und andere „Rollenmodelle"): Kinder erlernen nicht nur die Sprache durch Hören und Nachahmung, das gleiche gilt auch für den Stimmgebrauch und die Sprechweise. Vielleicht haben Sie es schon einmal erlebt, dass Sie am Telefon die Tochter mit der Mutter verwechselten, weil beide sehr ähnlich klingen.

···⟩ Körperhaltung und typische Bewegungsmuster, ebenso charakteristische Mimik und Gestik;

···⟩ Temperament – wer sich selbst eher als extrovertiert beschreibt, wird weniger oft über eine zu leise Stimme klagen;

···⟩ Atmung;

···⟩ Hörvermögen, Hörverarbeitung: Für die Stimmsteuerung ist es wichtig, sich selbst zu hören. In lauter Umgebung sprechen Sie daher automatisch lauter, während Sie in ruhiger Umgebung tendenziell leiser sprechen.

···⟩ Stressverhalten;

···⟩ Ernährungs- und Trinkgewohnheiten etc.

Es dauert sicher länger, den eingeübten Gebrauch der Stimme anzupassen. Wie kann ich kurzfristig Einfluss auf die Stimme nehmen?

Viele kleine Momente des Alltags wirken ununterbrochen und unmittelbar auf den Klang Ihrer Stimme. Ihre Stimme reagiert sensibel auf äußere wie innere Einflüsse. Hier sind einige Beispiele:

···⟩ Gefühl, Stimmung und Laune;

···⟩ wie Sie formulieren, was Sie sagen;

···⟩ Tageszeit;

···⟩ Verhalten Ihrer Gesprächspartner;

···⟩ Ihre innere Bereitschaft zur Äußerung;

···⟩ inhaltliche Sicherheit;

···⟩ Nervosität, Lampenfieber;

···⟩ räumliche Gegebenheiten wie Raumgröße, Bodenbelag etc.;

···⟩ Kleidung, Schuhe;

···⟩ Körpersprache und -haltung z.B. im Sitzen oder Stehen, Gestik und Mimik;

···⟩ Umgebungslautstärke;

···⟩ Luftfeuchtigkeit, Luftqualität;

···⟩ Flüssigkeitshaushalt;

···⟩ Genussmittel: Kaffee und andere koffeinhaltige Getränke, sowie Rauch beeinflussen die Stimme nachteilig.

Tipp: Achten Sie im Laufe des Tages öfters darauf, was Ihre Stimme besonders angenehm oder weniger angenehm klingen lässt. Denn erst wenn Sie sich dessen bewusst sind, d.h. wenn Sie hören können, dass Ihre Stimme sich verändert, haben Sie den Grundstein für ihre bewusste Nutzung gelegt. Experimentieren Sie, notieren Sie Ihre Erfahrungen.

···⟩ *Ist es Ihre Befindlichkeit?* Welche Rahmenbedingungen können Sie rasch und einfach verändern? Und wie reagiert Ihre Stimme darauf?

···⟩ *Sind es Gefühle*, von denen Sie meinen, Sie sollten besser unterdrückt werden? Was würde im schlimmsten Fall geschehen, wenn Sie das Gefühl zulassen und ihm Raum geben? In welcher Form könnten Sie Ihre Empfindungen vielleicht sogar ansprechen? Wie wird sich diese Erleichterung auf Ihre Stimme auswirken?

···⟩ *Ist es die Körpersprache?* Welche Körperhaltung gibt Ihnen mehr Sicherheit? Welcher Ort im Raum sichert Ihnen ein besseres Gefühl? Vielleicht genügt es ja bereits, kurz die Schultern zu spannen und danach zu spüren, wie die Spannung nachlässt? Wird die Stimme nun höher oder tiefer?

···⟩ *Oder ist es der Fokus Ihrer Aufmerksamkeit?* Erzeugen Ihre Gedanken gerade eine Spirale des Negativen? Auf welche angenehme Zukunftsvorstellung könnten Sie Ihre Gedanken richten? Wie wird sich der Klang Ihrer Stimme nun verändern?

4. Die 12 meistgestellten Fragen zur Stimme

Geht es Ihnen auch so? Seit Ihrer Schulzeit haben Sie Wissen angehäuft, Sie sind Experte in so manchen Bereichen, gehen neugierig durch Ihr Leben, bilden sich fort, sehen fern, lesen Zeitung und so manches Buch. Aber wenn Sie jemand fragt, weshalb wohl die eigene Stimme vom Tonband so merkwürdig klingt, finden Sie keine Antwort. Nun, Sie sind in guter Gesellschaft. Nicht einmal einer von zehn Europäern hat sich im Lauf seines Lebens näher mit seiner Stimme und ihrer Wirkung beschäftigt. Die Stimme ist die große Unbekannte des menschlichen Ausdrucks.

Als Stimmcoach und Wirtschaftstrainer beantworte ich in meinen Vorträgen und Seminaren die unterschiedlichsten und zum Teil sehr persönlichen Fragen zur Stimme. Die Hitliste der häufigsten Fragen, die mir in den letzten Jahren gestellt wurden und meine Antworten darauf, habe ich in diesem Kapitel für Sie zusammengestellt.

Frage Nr. 1: Stimme auf dem Tonband
Wenn ich meine eigene Stimme vom Tonband höre, denke ich immer: „Hilfe, das bin doch nicht ich!" Weshalb klingt meine Stimme so gänzlich anders als sonst?

Ich erinnere mich noch gut daran, wie fassungslos ich selbst war, als ich in den 70er-Jahren meine ersten Aufträge im Tonstudio erhielt. Mit Engagement hatte ich die Texte ins Mikrophon gesprochen, doch als es dann daran ging, das Resultat gemeinsam mit dem Tontechniker und dem Auftraggeber zu prüfen, war ich jedes Mal wie vor den Kopf gestoßen. Das sollte meine Stimme sein? Das klang so fremd, so dünn, so anders! Wie sollten meine Kunden damit zufrieden sein? Sehr erstaunt war ich, wenn dann meine Stimme gelobt wurde – und die Aufnahme damit „im Kasten" war. Es hat Jahre gedauert, bis ich mich mit meiner Tonbandstimme anfreunden konnte. Auch heute kenne ich niemanden, der nicht völlig überrascht ist, wenn er oder sie die eigene Stimme erstmals aus dem Lautsprecher erklingen hört.

Womit hängt es zusammen? Verantwortlich für diesen ungewöhnlichen Effekt ist eine Eigenheit des menschlichen Gehörs. Klar, wir hören mit den Ohren, das ist nichts Neues. Doch das eigentliche Hörorgan, die Hörschnecke *(Cochlea)*, sitzt tief versteckt in je-

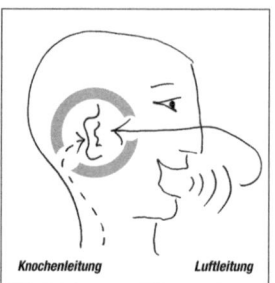

Knochenleitung   Luftleitung

nem Knochenhöcker, den Sie leicht hinter Ihren Ohren ertasten können. Dorthin gelangt der Schall von zwei Seiten. Ihr Trommelfell ist Lieferant Nummer eins. Wenn Sie sprechen, tönt Ihre Stimme aus Mund und Nase – und gelangt kurz darauf ans Trommelfell. Die Schwingungsübertragung erfolgt über die Luft, weshalb diese Leitung auch *Luftleitung* genannt wird.

Die zweite Leitung, über die Ihre Stimme für Sie hörbar wird, ist die *Knochenleitung*. Vielleicht haben Sie schon einmal dieses Vibrieren gespürt, das sich in Ihrem Körper ausbreitet, wenn Sie sprechen. Je nach Lautstärke und Tonlage werden Sie es mal stärker im Kopf, mal stärker in der Brust, im Rücken oder sogar im Bauch spüren. Genau diese Schwingungen sind es, die sich über Ihre Wirbelsäule und die Schädelknochen direkt auf die Hörschnecke übertragen.

Wenn ich spreche, höre ich mich also immer über beide Hörwege. Gibt es eine Möglichkeit, die Anteile separat zu erleben?

Wenn Sie Lust haben, probieren Sie es gleich aus: Die Schallübertragung über die *Knochenleitung* erfahren Sie, wenn Sie ein paar Worte laut vor sich hinsagen und sich dabei fest die Ohren zuhalten. Haben Sie Ihre Stimme trotz verschlossenem Trommelfell gehört? Und wie hörte es sich an? Vielleicht haben Sie den Eindruck von einem Klang wie unter Wasser, eher dunkel und dumpf.

Die Möglichkeit, den separaten Klang Ihrer Stimme über die *Luftleitung* zu erfahren, haben Sie selbst bereits mit Ihrer Frage angesprochen. Ihn hören sie, wenn Sie Ihre eigene Stimme vom Tonband hören. Dort hören Sie nur, was aus Ihrem Mund tönt, und ungefähr so klingt Ihre Stimme auch für Ihre Gesprächspartner.

Der Anteil am eigenen Klangerleben über die Knochenleitung bleibt ausschließlich Ihnen vorbehalten. Nur Sie selbst haben das Privileg, Ihre Stimme quasi doppelt zu hören. So fremd die Stimme vom Tonband auch klingen mag: Andere Menschen haben Sie noch nie anders gehört – und vielleicht dennoch die eine oder andere positive Rückmeldung gegeben.

Praxis-Tipp:

Trainieren Sie Ihr Gehör – gehen Sie täglich einmal auf Stimmenfang! Dabei gilt das Prinzip der „kybernetischen Regelkreise" nicht nur in der Technik: Sie können bewusst nur das steuern, was Sie auch wahrnehmen können! Das bedeutet: Ihre Stimme kann nur ausdrücken, was Ihr Ohr auch zu hören vermag. Sicher ist Ihnen aber schon aufgefallen, wie schwierig es ist, während des Sprechens die eigene Stimme genau wahrzunehmen. Wollen Sie im Alltag an Ihrer Stimme arbeiten, wird das jedoch eine wichtige Voraussetzung sein. Daher ist es viel einfacher, erst einmal auf den Stimmklang anderer Menschen zu achten.

Hören Sie täglich ganz bewusst für kurze Zeit auf den Klang einer Stimme. Spitzen Sie Ihre Ohren und hören Sie genau hin:
- ⋯⟩ Wie klingt die Stimme Ihres Gesprächspartners gerade?
- ⋯⟩ Was genau hören Sie aus dieser Stimme heraus?
- ⋯⟩ Was alles verrät Ihnen die Stimme gerade?
- ⋯⟩ Mit welchen Worten würden Sie das Charakteristische dieser Stimme beschreiben (z.B.: voll, rau, verspannt, warm etc.)?

Notieren Sie Ihre Wahrnehmung. Legen Sie ein kleines Stimm-Tagebuch an. Haben Sie bemerkt, wie schwierig es ist, Stimmen zu beschreiben? Meist fehlen uns dafür die Worte. Sammeln Sie also Stimm-Vokabeln!

Hinweis: Gestatten Sie es sich, sich ausschließlich auf den Klang zu konzentrieren. Der Versuch, gleichzeitig auf die Stimme und auf den Inhalt zu hören, wird in der Regel nicht gelingen, weil das Gehirn kaum in der Lage ist, beides zur selben Zeit zu leisten. Vielleicht hören Sie anfangs nur wenige Unterschiede. Mit etwas Übung wird es Ihnen aber bald gelingen, selbst feine Veränderungen im Stimmklang wahrzunehmen.

Frage Nr. 2: Unverwechselbarkeit der Stimme
Wenn meine Stimme so einzigartig ist – was genau macht die Stimme so unverwechselbar?

Sehen Sie ab und zu Krimis? Wenn kurz vor dem Happy End die Telefonstimme des Entführers von den Spezialisten der Kriminalpolizei technisch identifiziert werden konnte, kam die Methode der *Biometrie* zum Einsatz. Die Biometrie misst unverwechselbare individuelle Merkmale des Menschen, wie z.B. den Fingerabdruck. Bei den umstrittenen neuen Reisepässen ist es die Geometrie des Gesichts, welche technisch ausgewertet wird, um eindeutige persönliche Merkmale zu erfassen. Auch die Stimme gehört zu den langfristig stabilen Charakteristika des Menschen, die sich mittels Stimm-Biometrie messen lassen und unverwechselbar einem Menschen zuzuordnen sind. Die Unverwechselbarkeit der Stimme resultiert aus:
- ⋯⟩ Körperbau: insbesondere die Größe und Beschaffenheit des *Vokaltrakts*, also Kehlkopf, Stimmlippen, Rachen, Resonanzräume in der Luftröhre, im Hals sowie im Kopf;
- ⋯⟩ Gewebeeigenschaften, wie Festigkeit des Bindegewebes in Hals und Rachen;
- ⋯⟩ Knochendichte und andere Schwingungseigenschaften des menschlichen Körpers.

Wird die Stimm-Biometrie außer in der Kriminalistik auch woanders eingesetzt?
Ja, mehr als der breiten Öffentlichkeit bekannt ist. Neben der Kriminalistik ist die Stimme heute auch für die Wirtschaft zu einem lukrativen Geschäftsfeld geworden. Praktisch eingesetzt wird die *Stimm-Biometrie* beispielsweise bei einigen Banken und

Servicezentralen. Das Eintippen von Passwörtern oder Durchsagen von PIN-Nummern am Telefon gehört da bereits der Vergangenheit an. Die Deutsche Telekom ermöglicht seit Anfang 2008 Ihren Kunden die Abfrage von persönlichen Daten am Telefon mittels Authentifizierung über die Stimme. Der Kunde muss dafür einen einmaligen Registrieranruf tätigen, mit dem seine Stimme als biometrische Größe analysiert und ein so genannter kodierter Stimmabdruck erstellt wird. Einmal als Datensatz erfasst, wird seine Stimme dann zum Schlüssel für Online-Banking, Teleshopping-Services oder Mehrwertdienste.

Wie zuverlässig das funktioniert, hat kürzlich das Bundesamt für Sicherheit in der Informationstechnik (BSI) bestätigt und für den neuen Dienst der Deutschen Telekom ein Sicherheitszertifikat ausgestellt. Übrigens wird Ihre Stimme vom Computer selbst dann eindeutig erkannt, wenn Sie erkältet, verkatert oder missgelaunt sind.

Frage Nr. 3: Stimme am Morgen
Dass meine Stimme ganz unterschiedlich klingen kann, ist mir schon aufgefallen. Vor allem morgens hört sie sich z.B. ganz anders an als tagsüber oder abends. Wie kommt es zu dieser „Katerstimme"?

Unsere „akustische Visitenkarte" gehört immer noch zu den großen Unbekannten. Während wir jedes neue Fältchen im Gesicht argwöhnisch beäugen, das Businessoutfit akribisch auswählen und nicht an Geld für modische Frisuren sparen – das Potential der Stimme, mit der wir tagtäglich stundenlang kommunizieren, bleibt noch von zu vielen Menschen ungenutzt. Für manchen Sänger mag eine Reibeisenstimme ein wertvolles Markenzeichen sein, doch die ersten Anrufer werden es vermutlich wenig schätzen, wenn Sie klingen, als hätten Sie die Nacht durchgemacht. Auch auf das süffisante Lächeln der Kollegen und den Kommentar „Na, gerade erst aus dem Bett gefallen?", können Sie sicher gerne verzichten.

Was passiert denn eigentlich über Nacht, sodass sich die Stimme der meisten Menschen morgens tiefer, brummiger, manchmal auch etwas rau anhört? Ursächlich dafür ist eine besondere Eigenschaft der Muskeln, und die Stimmlippen sind ja bekanntlich ein Muskelpaar. Wussten Sie, wie sich Muskeln verhalten, die für längere Zeit nicht genutzt werden? Werden Sie länger und schlaff – oder spannen und verkürzen sie sich? Sie spannen sich und werden dadurch kürzer und dicker. Für die Stimmlippen bedeutet das, dass sie beim Sprechen dadurch langsamer schwingen und Ihre Stimme entsprechend tiefer, vielleicht auch etwas ungelenk klingt. Zusätzlich sammeln sich während der Nacht Stoffwechselprodukte auf der Schleimhaut, die Ihre Stimmorgane umhüllen. Der Schleim wird dadurch zäher und dicker, auch das verändert die Schwingungseigenschaften Ihrer Stimme.

Wie helfen Sie Ihrer Stimme, morgens fit zu werden? Schenken Sie ihr ein paar Minuten Aufmerksamkeit, so wie Sie auch den Blick in den Spiegel ernst nehmen. Einige Aufwärm- und Aktivierungsübungen zeigen bereits große Wirkung und sorgen sogar insgesamt für mehr Wachheit. Spaß bringende Beispiele wie u.a. das „Stimm-Jogging" finden Sie im Kapitel 6 „Sekunden-Übungen für mehr Stimmfitness".

Frage Nr. 4: „Ordentliche" Stimme
Letztlich wünschen sich doch alle, dass ihre Stimme vernünftig klingt. Kann sich jeder eine „ordentliche Stimme" antrainieren?

Grundsätzlich gilt: Jeder kann seine Stimme ebenso weiterentwickeln wie seine Computerkenntnisse oder sein Auftreten. Die einzigen Voraussetzungen dafür sind der Wunsch und fachkundige Anleitung, wie sie etwa von den versierten Experten aus dem stimme.at-Netzwerk angeboten werden.

An eine „ordentliche" Stimme werden in verschiedenen Kulturen allerdings ganz unterschiedliche Erwartungen geknüpft. Die soziale Wirkung des Stimmklangs hingegen scheint weltweit gleich zu sein. Allzu hohe, schrille, gespannte und dünne Stimmen werden als eher unangenehm empfunden – volle, runde und wohlklingende Stimmen eher als vertrauenerweckend. Hier setzt Stimmtraining an.

Ist es den Betroffenen überhaupt bewusst, wenn ihre Stimme nicht gut klingt?

Ja und nein. Einige Menschen erhalten tatsächlich kritische Rückmeldungen zu ihrer Stimme. Andere stellen selbst einen Mangel in bestimmten Situationen fest. Wie oft leiden Menschen darunter, dass sie in größeren Runden schlecht verstanden werden! Trotz mehrmaliger Anläufe in einem Meeting nicht zu Wort kommen, kann frustrieren und dazu führen, schließlich gar nichts zu sagen. Frauen berichten oft, belächelt zu werden, wenn die Stimme im Konflikt nach oben kippt und schrill wird.

Meistens suchen die Betroffenen die Ursache jedoch außen, bei den unaufmerksamen Zuhörern, aggressiven Gesprächspartnern oder der schlechten Raumakustik. Wenn die Zuhörer während der Präsentation auf die Uhr schauen und unruhig werden, wird schnell der zu komplexe Inhalt zum Sündenbock gemacht, oder die unpassende Tageszeit. Nur selten ist ihnen bewusst, in welchem Ausmaß die eigene Stimme das Geschehen beeinflusst.

Oft ist dabei jedoch nicht die Stimme an sich „schlecht", sondern nur ihr Gebrauch ineffektiv. Daher werden selbst kurze, gezielte Trainingsimpulse sehr gut wirksam. Hier wird genau das geschult, was unbewusst im Alltag den Ton angibt: die stimmwirksame Körpersprache, die entscheidende innere Einstellung vor dem ersten Wort, der Umgang mit Gefühlen, „Stimmfitness" und – für viele überraschend – die Wortwahl.

Letztlich drückt meine Stimme meinen Charakter und meine Persönlichkeit aus. Beides kann und will ich aber doch gar nicht ändern! Was bringt dann die Beschäftigung mit der eigenen Stimme überhaupt?

Wenn ich Menschen beim Sprechen beobachte, kommt mir oft der folgende Vergleich in den Sinn: Haben Sie schon einmal gesehen, wie Rohdiamanten aussehen, wenn Sie aus großer Tiefe hervorgeholt werden? Als junger Mann hatte ich in den

70er-Jahren die Gelegenheit, bei einem Edelsteinhändler in Wien Diamanten-Rohware zu begutachten. Vor mir auf dem dunkel überzogenen Tisch lag ein Stoffsäckchen mit einer Handvoll unscheinbarer Steinchen, die eher an Glasstückchen vom Meeresstrand erinnerten, die von Wellen und Wetter matt gescheuert wurden. Doch für ihren Wert hätte ich mir damals wohl bequem eine große Wohnung und ein neues Auto kaufen können. Der innere Wert der Steine war bereits da, aber erst der Schliff hat diesen Wert auch nach außen funkelnd sichtbar gemacht. Die bewusste Beschäftigung mit der Stimme ist für mich wie das Schleifen eines Rohdiamanten: Das Potential ist bereits vorhanden, doch erst mit dem entsprechenden Wissen um die Trainingsmöglichkeiten und dem tatsächlichen Tun, kann es sich voll entfalten.

Im Gespräch bringen beide Gesprächspartner ihr Wissen und ihre Fähigkeiten mit. Im Moment des Sprechens entscheidet sich dann radikal, ob all diese inneren Werte auch zum Ausdruck kommen. Wie bei einer CD ist der wunderbare Klang des „inneren Orchesters" zwar aufgenommen und gespeichert, wenn Sie aber einen grummelnden Minilautsprecher zum Abspielen nutzen, wird er weder gehört werden können noch beeindrucken. Kurz gesagt: Die Beschäftigung mit der Stimme kann dazu beitragen, dass Ihre inneren Werte und Ihre Persönlichkeit noch besser zum Ausdruck kommen und gehört werden.

Frage Nr. 5: Stimmnutzung
Wie kann ich feststellen, dass etwas an meiner gewohnten Nutzung der Stimme verbesserungswürdig ist?

Diese Frage können Sie am besten selbst beantworten: Was sagt Ihre persönliche Bestandsaufnahme? Hier geht es in allererster Linie um Selbstwahrnehmung, doch auch Feedback, das Sie erhalten oder die Beobachtung von anderen dienen als Anhaltspunkte.

Was stellen Sie bei sich selbst fest: In welchen Momenten wird Ihnen Ihre eigene Stimme bewusst? Gibt es Erfahrungen, die Sie ganz besonders motivieren, über Ihre Stimme nachzudenken? Ist Ihre Stimme anhaltend leistungsfähig und sind Sie mit ihr immer zufrieden? Vielleicht fallen Ihnen Situationen ein, in denen es mehr als sonst auf Ihre Stimme ankommt. Erinnern Sie sich, welche Rückmeldungen Sie bereits zu Ihrer Stimme erhalten haben. Inwiefern wurde sie gelobt oder welche Hinweise gab es auf Optimierungsbedarf? Denken Sie an Personen, deren Stimme Sie mögen oder die Sie stimmlich überzeugend erlebt haben: Was hat Sie da besonders angesprochen? Gibt es Merkmale oder Situationen, die Ihnen die stimmlichen Qualitäten besonders bewusst gemacht haben?

Praxis-Tipp:

Legen Sie Ihr persönliches, kleines Stimm-Tagebuch an. Das kann eine spezielle Seite in Ihrem Terminkalender sein oder wenn Sie Software wie Outlook nutzen, legen Sie z.B. einfach eine neue Aufgabe an. Notieren Sie:

⤳ In welchen Momenten Ihres Alltags ist Ihre Stimme ganz besonders herausgefordert?

⤳ Mit was oder wem hat das zu tun?

⤳ Was fällt Ihnen dabei an Ihrer Stimme speziell auf?

⤳ Was sollte Ihre Stimme in jenen Momenten besser können? Welcher Wunsch wird dabei wach?

Notizen im persönlichen Stimm-Tagebuch sind der schnellste Weg zu mehr Klarheit über Ihre persönlichen stimmlichen Bedürfnisse. Wenn Sie erst einmal festgestellt haben, was Sie verändern oder anpassen wollen, sind die nötigen Schritte rasch getan. Orientierung über Angebote zum Stimmtraining – sei es im Seminar oder als Einzelcoaching – gibt Ihnen die Internetplattform *www.stimme.at.*

Frage Nr. 6: Stimmausbildung
Gehören zur Stimmausbildung auch Redegeschwindigkeit und -fluss bzw. die Artikulation?

Das hängt sehr von der individuellen Zielsetzung ab. Wenn es um die Stimme als Teil des sprachlichen Ausdrucks geht, auf alle Fälle ja. Denn im praktischen Leben sind Stimmklang, Sprechweise und Sprache untrennbar miteinander verwoben. Je konkreter und präziser das Feedback ist, das Sie dabei erhalten, desto rascher der Fortschritt. Selbststudium stößt schnell an seine Grenzen. Kompetente Begleitung, etwa durch kompetente Trainerinnen und Trainer, gewährleistet Ihren Erfolg. Je nach Aufgabenstellung werden die bekannten Übungen mit Zungenbrechern und dem Korken im Mund heute durch moderne Ansätze aus Psycholinguistik und Wahrnehmungsforschung ergänzt. Auch der Computer kann zum Einsatz kommen, z.B. für die Visualisierung der Stimme.

Das Wichtigste: Das Entwickeln der Stimme bereichert, erfüllt und macht Spaß! Sich selbst in ungewohnten Tönen klingen zu hören, alte Grenzen zu überwinden und neue Klänge ins Leben zu bringen, stärkt ungemein. Zurück im gewohnten Leben werden Sie überrascht sein, wie wirkungsvoll Ihre neuen Ausdrucksmöglichkeiten sind und wie viel Sicherheit Sie durch das Wissen um die eigenen Steuerungsmöglichkeiten gewinnen.

Frage Nr. 7: Tiefe vs. hohe Stimmen
Was macht eine angenehme Stimme aus? Sind tiefe Stimmen generell besser als hohe?

„Dieser Stimme könnte ich stundenlang zuhören!" – Haben Sie das nicht auch schon einmal gedacht? Mehrere Untersuchungen zeigen, dass vor allem voll klingende Stimmen in mittlerer Tonlage von den meisten Menschen als angenehm empfunden werden. Nicht nur allzu hohe und schrille Stimmen sind weniger gern gehört, sondern auch brummige, tiefe Stimmen landen am unteren Ende der Beliebtheitsskala, denn sie sind oft weniger gut verständlich.

Was ist aber nun das Spezielle an jenen Stimmen, die als besonders wohlklingend empfunden werden, wo sie doch so unterschiedlich persönlich gefärbt sind? Sie alle vereinen einen scheinbaren Gegensatz: Sie klingen entspannt und wirken dennoch aktivierend. Immer wieder lassen sie uns den sogenannten „Eigenton" hören, jenen magischen Stimmklang, bei dem die Stimmlippen im Kehlkopf völlig entspannt schwingen dürfen. Nicht umsonst wird der Eigenton auch als „Wohlfühllage" bezeichnet.

Kann ich diese angenehme Stimmlage erlernen? Wie erreiche ich den „Eigenton"?

Der persönliche Eigenton steht jedem Mensch zur Verfügung, im alltäglichen Sprechen wird er jedoch nur selten verwendet. Im Stimmtraining ist es das vorrangige Ziel, den Eigenton bewusst zu machen und im Hörgedächtnis als Referenz zu speichern, um ihn verfügbar zu haben, wenn es darauf ankommt. Ihn authentisch nutzen zu können, ist ein Überzeugungsvorteil geschulter Redner. Übrigens verwenden Sie diesen Eigenton der Stimme bereits mehrmals täglich, wussten Sie das?

Hier ein Beispiel: Wie signalisieren Sie am Telefon Ihrem Gesprächspartner, dass Sie noch in der Leitung sind? Meist wird es Ihnen gar nicht bewusst sein, doch immer wieder geben Sie ganz selbstverständlich ein scheinbar unbedeutendes „mmhhh" von sich. Es ist ein wertvolles Beziehungssignal, ohne das sonst schnell die Frage käme: „Bist du noch da?" Dieses „mmhhh" klingt in der Regel aus dem Eigenton. Oder stellen Sie sich vor, dass ein Teller mit Ihrer Lieblingsspeise vor Ihnen steht und Sie gerade den ersten Bissen davon genommen haben: „Mmhhh, ist das lecker!" Wieder klingt Ihre Stimme voll im Eigenton. Wenn Sie bei Gelegenheit einmal genau hinhören, wird Ihnen auffallen, dass diese wohligen Brummtöne meist deutlich tiefer klingen als die nachfolgenden Sprachlaute.

Was macht den Eigenton der Stimme so wirksam?

Das Besondere am Eigenton ist, dass er ein großes Vertrauenspotential in sich trägt. Vermutlich hängt das damit zusammen, dass er unbewusst an früheste Hörerlebnisse erinnert. Das Gehör ist – nach dem Gleichgewichtssinn – das am frühesten entwickelte Sinnesorgan des Menschen. Bereits ab der zwanzigsten Lebenswoche nimmt das heranwachsende Kind eine vielfältige Lautumgebung wahr: das Blubbern und Glucksen der Verdauung, das laute Strömen des Blutkreislaufes, die Stimme der Mutter und diverse Außengeräusche. Das Besondere aber ist die spezielle Akustik, denn das Kind schwimmt ja in der Fruchtblase und das Fruchtwasser filtert alle Klänge und Geräusche. Vergleichbares können Sie erfahren, wenn Sie beide Ohren unter Wasser tauchen. Erinnern Sie sich an diese spezielle Klangwelt? Eine andere Möglichkeit der Annäherung an diese Klangwelt ist, sich beide Ohren zuzuhalten und ein paar Worte zu sprechen.

Sollte ich also am besten nur noch aus dem Eigenton heraus sprechen?

Nein, es geht nicht darum, permanent im Eigenton zu sprechen. Das würde Ihre Zuhörer ermüden und zu Langeweile führen, weil Ihre Stimme dann monoton klingt.

Für die Lebendigkeit in der Stimme brauchen Sie die Modulation. Zum vollen, gelösten, klaren und eher warmen Klang kommt also noch ein angenehmes, natürliches Auf und Ab des Tonfalls. Die Kunst ist, mit der Stimme nicht „abzuheben" und wäh-

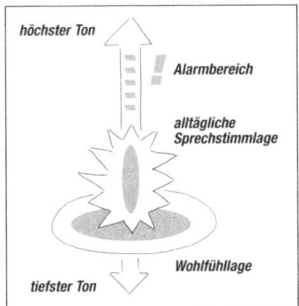

rend des Sprechens immer wieder zum vertrauensvollen Eigenton zurückzukehren. Die meisten Menschen haben allerdings im Laufe Ihres Lebens verlernt, dieses magische Stimmpotential beim Sprechen zu nutzen. So bedarf es einiger Übung, um dieses wundervolle Geschenk der Natur wieder auszuschöpfen.

! *Praxis-Tipp:*

···⟩ Machen Sie sich die Wohlfühllage Ihrer Stimme möglichst oft bewusst, um eine Referenz für Ihr Ohr zu schaffen. Brummen Sie bei jeder nur denkbaren Möglichkeit ein wohliges, kurzes „mmhhh"! Ob beim Essen, beim Telefonieren oder im Zwiegespräch – horchen Sie dabei ganz bewusst auf den Klang Ihrer Stimme.

···⟩ Beobachten Sie auch, wie sich die Tonhöhe verändert, wenn Sie von dort weg beginnen zu sprechen. Sie können das auch gezielt ausprobieren, indem Sie zuerst „mmhhh, mmhhh" von sich geben und danach einen Satz sprechen. Können Sie an die angenehme Wohlfühllage anknüpfen?

Frage Nr. 8: Zu hohe Stimme
Meine Stimme erscheint mir generell zu hoch. Kann ich das ändern?

Bevor ich die Frage direkt beantworte, möchte ich Sie auf eine wichtige Unterscheidung aufmerksam machen. Denn mit der einfachen Bezeichnung „hoch" können verschiedene Dinge gemeint sein. Unterscheiden Sie bitte deutlich zwischen

···⟩ Tonhöhe (hoch oder tief, lässt sich auf der Tonleiter zuordnen) und

···⟩ Klang der Stimme (etwa: flach, piepsig, eng, hauchig, rau, heiser, nasal oder voll, rund, warm, brillant, voluminös, wohlklingend u.a.).

Ohne Zweifel werden von den meisten Menschen zu hohe, schrille, enge oder gepresste Stimmen als weniger angenehm erlebt. Aber es gibt Hoffnung, denn wenn Sie von „Ihrer Stimme" sprechen, so meinen Sie damit wahrscheinlich Ihre Stimmnutzung, also die Art und Weise, wie Sie von Ihrer Stimme Gebrauch machen. Darauf können Sie in der Tat kurzfristig und wirkungsvoll Einfluss nehmen.

Wie entsteht nun eine zu hohe Stimme? Bleiben wir zuerst bei der *Tonhöhe*. Bei Saiteninstrumenten wie z.B. einer Gitarre wird der Ton höher, wenn Sie die Saite spannen. Im Menschen sorgen ebenfalls Spannungen dafür, dass die Stimme in Sekundenbruchteilen höher klingt. Stress beispielsweise wirkt ganz unmittelbar auf Atmung und Stimmmuskulatur. Oft genügt der Blick auf das Display des Telefons und die Erkenntnis, dass es die Nummer des Chefs oder eines unangenehmen Kunden ist, und schon rutscht die

Stimme hinauf. Und wie reagiert die Stimme erst auf Konflikte! Sicher haben auch Sie schon erlebt, wie sich im Streit die Stimme in beachtliche Höhen erhebt.

Wie ist es mit dem *Stimmklang*? Ich führe hier immer gerne den Vergleich mit einem Ball an, der scheinbar schwerelos auf einem Wasserstrahl tanzt. Vielleicht haben Sie diesen netten Effekt schon einmal in Gartenanlagen bewundert. Was ist die Voraussetzung, damit der Ball nicht herunterfällt? Es kommt darauf an, dass die Pumpe den Wasserstrahl ganz gleichmäßig gegen die Schwerkraft zum Himmel schickt. Sobald ein paar Luftblasen zuviel mit aufsteigen oder der Druck, der den Strahl hinaufpresst, plötzlich zu stark wird: schwups fällt der Ball ins Becken.

Der kleine bunte Ball auf dem Wasserstrahl hat keine Muskeln, um sich festzuhalten – der „Stimmapparat" im Kehlkopf hingegen schon. Die vielen kleinen Muskeln reagieren ähnlich sensibel auf den Atemstrom wie der Ball auf den Wasserstrahl. Nur wenn beim Sprechen der Ausatem die Stimmlippen spielerisch in Bewegung setzt, schwingt Ihre Stimme voll, angenehm und wohlklingend. Sobald der Luftstrom abreißt, hören Sie raue Töne, die Stimme knarrt. Wenn anders herum die Atmung die Luft nach oben presst, halten die sensiblen Muskeln des Kehlkopfs sofort dagegen. Die Stimmmuskeln strengen sich an, spannen oder verspannen sich sogar. Das Ergebnis: Ihre Stimme klingt höher und vielleicht sogar angespannt.

 Ich habe den Eindruck, dass meine Stimme auch ohne Anspannung zu hoch klingt ...

Wenn Ihnen im „ganz normalen Alltag" Ihre Stimme als zu hoch erscheint, was können die Hintergründe sein? Dazu lohnt es sich, noch einmal einen genaueren Blick auf die Entstehung der Stimme zu werfen und auf den Mechanismus, der die menschliche Stimme zum Erklingen bringt. Drei Elemente spielen zusammen, wenn Sie sprechen, seufzen, lachen oder singen:

··⟩ *Atmung:* Ob Sie zusammengesunken sitzen oder sich aktiv und bewegt ausdrücken, ein ganzes System rund um Ihren Hauptatemmuskel, dem Zwerchfell, ist daran beteiligt, dass beim Ausatmen die Luft aus Ihren Lungen strömt. Das gilt insbesondere für den unteren Rücken (vom Becken bis zur Lendenwirbelsäule) und den Oberkörper (Brustkorb, Hals, Schultern, Arme).

··⟩ *Der Ton entsteht im Kehlkopf:* Zur Demonstration nehmen Sie einfach zwei Blätter Papier, halten diese zusammen und blasen hindurch. Was passiert? Die Blätter flattern gegeneinander und ein Ton entsteht. Dasselbe geschieht im Kehlkopf mit Ihren Stimmlippen. Ausgelöst durch den Sprechimpuls schließen sie sich sanft und werden vom Luftstrom der Ausatemluft in Schwingung versetzt. Die Spannung der Muskeln im Kehlkopf sorgt für die hörbar werdende Tonhöhe.

··⟩ *Artikulationszone:* Zu guter Letzt müssen aus dem rohen, unförmigen Ton nur noch verschiedene Laute geformt werden, damit Sprache und Artikulation entstehen. Stellen Sie es sich vor wie bei einem Blasinstrument, bei dem die verschiedenen Klappen und Einstellmöglichkeiten auf den Ton wirken. Diese Aufgabe übernehmen die Muskeln in Mund, Rachen und Gesicht, also Zunge, Lippen, Wangen, Kiefer etc.

Wenn es also darum geht, dass die Stimme als „zu hoch" wahrgenommen wird, kann das viele verschiedene Ursachen haben. Der Schlüssel zu einer entspannten Stimme ist aber in jedem Fall die Atmung. Daher ist meine Anregung, sich vor allem bewusst zu machen, wie die Atmung durch kleinste Regungen beeinflusst wird, seien es Gefühle, Gedanken oder Bewegungen. Prüfen Sie einmal, wie Ihre Stimme wiederum feinfühlig auf die kleinsten Atembewegungen reagiert:

⋯⟩ Setzen Sie sich aufrecht hin, ohne sich anzulehnen.
⋯⟩ Summen Sie ganz ohne Absicht, entspannt und langgezogen vor sich hin: „mmhhh".
⋯⟩ Bewegen Sie nun Ihren Oberkörper, Ihren Brustkorb, Ihre Schultern und Arme langsam in alle Richtungen. Räkeln und dehnen Sie sich.
⋯⟩ Achten Sie auf Ihren Atem – und auf den Klang Ihrer Stimme. Welche Veränderungen können Sie feststellen? Wann verdichtet sich Ihre Stimme? Wann hört sich die Stimme dünner oder enger, gepresster an?

Notieren Sie Ihre Erfahrungen und überlegen Sie, in welcher Alltagssituation Ihnen diese Erfahrung nützlich sein könnte?

Gibt es auch konkrete Möglichkeiten, um tiefer und vielleicht etwas voller zu klingen?

Vorab seien Sie gewarnt: Bewusst tiefer zu sprechen, strengt die Stimme ganz besonders an! Darüber hinaus wird die Absicht meist schnell erkannt und Sie werden nicht mehr als authentisch wahrgenommen. Sie wissen nun bereits, wie deutlich die Atmung auf die Stimme wirkt. Die beiden folgenden Beispiele illustrieren noch einmal konkret, welche direkten Einflussmöglichkeiten Sie haben. Es gibt zwei klassische, oft gesehene Körperhaltungen, deren geringfügige Veränderung bereits eine große Wirkung erzielt:

⋯⟩ *Typ „Mit dem Kopf durch die Wand"*

Die Körpersprache verrät Ihnen den starken Durchsetzungswunsch dieses Menschen. Kopf und Hals sind etwas vorgestreckt, die Schultern und der Nacken dadurch gespannt. Diese Spannung setzt sich sichtbar im Kehlkopf fort, beim Sprechen treten immer wieder die Muskeln und Sehnen am Hals hervor. Die Atmung ist dadurch eingeschränkt. All der sichtbare Druck wird gut in der Stimme hörbar, sie ist eher eng, manchmal schneidend, etwas angespannt und höher.

Praxis-Tipp:

Wenn Sie wünschen, dass Ihre Stimme tiefer und voller klingt, somit vertrauenswürdig und überzeugend, achten Sie besonders auf Ihre Körpersprache. Mit weniger Nachdruck sind Ziele manchmal besser zu erreichen, zu viel Druck erzeugt meist Gegendruck. Probieren Sie es gleich aus: Stehen Sie mit beiden Beinen fest am Boden, leicht federnd in den Knien. Stellen Sie sich vor, Sie haben das angestrebte Ziel bereits erreicht und werden zur Belohnung gekrönt. Nehmen Sie an, Sie tragen die Krone bereits auf dem erhobenen Haupt, stolz richten Sie sich auf. Nun sprechen Sie ein paar

Worte und achten auf den Stimmklang. Es ist keine Kraftanstrengung mehr nötig. Zur Kontrolle gehen Sie nun zurück in Ihre „normale" Körperhaltung und hören die Veränderung in der Stimme.

⸱⸱⸱⸱› Typ „Ich mach's mir am liebsten bequem"

Auch hier signalisiert die Körpersprache bereits vorab, wie später die Stimme klingen wird. Bei der Besprechung sind die Beine unter den Tisch gestreckt, die Haltung eher liegend als sitzend. Beim Sprechen bewegt sich kaum der Kopf, der Atem ist flach. Um sich dennoch Gehör zu verschaffen, ist die Stimme gefordert, den Mangel an Ausdruck mit eigener Kraftanstrengung auszugleichen. Die Muskeln im Kehlkopf übernehmen jetzt Arbeit, für die sie nicht geschaffen sind. Das Ergebnis: Die Stimme wird höher und klingt dennoch in gewisser Weise energielos. Abends rächt sich dieses Verhalten oft – an Tagen mit vielen Sitzungen fehlt dann manchmal die Lust auf weitere Gespräche, man fühlt sich stimmmüde und angestrengt im Hals.

! Praxis-Tipp:

Stimme ist Schwingung, somit nichts als pure, hörbare Bewegungsenergie. Wie soll Ihre Stimme andere bewegen, wenn Sie sich selbst nicht bewegen? Die Stimme kann nur so viel Energie an die Zuhörer weitergeben wie beim Sprechen (muskulär!) in sie investiert wird. Je weniger aktive Unterstützung die Atmung durch Körperhaltung und Gestik erfährt, desto mehr ist der Stimmapparat im Kehlkopf gezwungen zu kompensieren. Treffen Sie deshalb vor dem Sprechen eine bewusste, kleine Entscheidung: Setzen Sie sich anders hin und richten Sie sich auf. Am besten lösen Sie sich von der Lehne. Mit beiden Füßen auf den Boden stellen Sie sich kurz vor, Sie wollten den Zuhörern Ihre Botschaft wie einen Ball schwungvoll und punktgenau zuwerfen. Spüren Sie den kleinen Ruck, der durch Ihren Körper geht? Auch die Energie in Schultern, Ellbogen und Armen steigt und Sie unterstützen Ihren Atem optimal. Denn jetzt hat Ihr Atem den Spielraum, den er braucht, um Ihre Stimme klangvoll zum Schwingen zu bringen. Lassen Sie Ihrer Gestik freien Lauf und genießen Sie, wie sich Ihre Stimme entfaltet.

Frage Nr. 9: Zu leise Stimmen
Mir wird immer wieder gesagt, ich spreche zu leise. Was kann ich tun, um besser verstanden zu werden?

Wie beim Klang bzw. der Tonhöhe ist auch die Lautstärke in der Regel auf das gewohnte Sprechverhalten zurückzuführen. Hier ist rasch Abhilfe geschaffen. Eine kleine Veränderung der Körperhaltung – und schon hören Sie deutlich den Erfolg. Das macht Sie zwar nicht gleich zum „Jedermann"-Rufer, doch mit ein wenig Übung überraschen Sie Ihre Gesprächspartner in Kürze mit mehr Präsenz, einer deutlicheren Aussprache und mehr Volumen in der Stimme.

Drei Strategien empfehle ich Ihnen ganz besonders:

···⟩ Wärmen Sie Ihre Stimme regelmäßig auf (siehe: Sekunden-Übungen für mehr Stimm-Fitness, Kapitel 6).

···⟩ Stärken Sie immer wieder Ihre innere Bereitschaft, sich klar und verständlich zu äußern. Bereiten Sie sich kurz mental auf Ihren Einsatz vor. Prüfen Sie Ihren Wunsch, sich mitzuteilen.

···⟩ Auf den ersten Moment kommt es besonders an. Achten Sie vor dem ersten Wort darauf, wie Sie sitzen oder stehen. Nutzen Sie stimmstärkende Körperhaltungen. Sitzen Sie beim Sprechen aufrecht, stehen Sie beim Präsentieren dynamisch und geerdet.

Ich bin ein eher ruhiger Typ. Die Vorstellung, lautstark meine Stimme zu erheben, schreckt mich eher ab. Gibt es auch einen Mittelweg?

Ob Sie gut verstanden werden, hängt unmittelbar von Ihrem Wunsch ab, gehört zu werden. Je stärker dieser Wunsch wird, desto mehr Energie investiert Ihr Organismus in die Bewegungen und die Körpersprache. Dadurch gewinnt die Stimme an Volumen und Kraft. Sie werden besser gehört und leichter verstanden. Es geht also nicht so sehr darum, „laut" zu sprechen, sondern eher um Ihre Fähigkeit, in wichtigen Momenten den Wunsch zu entwickeln, gehört zu werden. Das mobilisiert Energie und Ihre Stimme folgt dann gleichermaßen von selbst.

Als Hilfestellung stellen Sie sich eine Diskussion einmal als Ballspiel vor. Ihre Gesprächspartner stehen im Kreis. Wenn Sie keinen Blickkontakt aufnehmen, werden Sie den Ball kaum erhalten. Wenn Sie im Ballbesitz sind und dann darauf warten, dass Ihre Mitspieler den Ball bei Ihnen abholen, würde das Spiel rasch zum Erliegen kommen. Besser wird es funktionieren, wenn Sie den Ball so exakt zuwerfen, dass der Adressat nur noch die Arme öffnen muss, um ihn zu fangen. So wie Sie beim Ballspiel Blickkontakt aufnehmen, um als Mitspieler wahrgenommen zu werden, geht es in der Diskussion darum, mit der Stimme Ihre Gesprächspartner zu erreichen, um Aufmerksamkeit zu erlangen. Wenn Sie die Energie aufbringen, Ihre Stimme „passgerecht" zuzuspielen, werden Sie auch gehört.

Was kann ich noch tun, um meine Stimme zu mobilisieren?

Das wirkungsvollste Werkzeug, das Sie anwenden können, um Ihrer Stimme Energie zu geben, ist der gute „Standpunkt". Im Alltag heißt das: Nehmen Sie Ihren Standpunkt ein, bevor Sie das erste Wort sprechen. Wie funktioniert es?

Praxis-Tipp:

Standpunkt im Stehen: Ballspiel

···⟩ Beobachten Sie einmal ein Kind, das gerade im Begriff ist, einen Ball zu werfen. Wie steht es in diesem Moment da? Beide Beine sind fest am Boden, die Körpermitte ist in Bewegung, die Schultern locker, alles ist in Erwartung, ob der Wurf wohl gelingt.

···⟩ Mit diesem Bild vor Augen und dieser inneren Haltung nehmen Sie Ihren Standpunkt im Stehen ein: beide Füße am Boden knapp hüftbreit, die Knie sind gelöst, das Gewicht leicht nach vorne verlagert. Die Körpermitte, Kreuz und Becken sind beweglich, die Schultern gelöst, die Arme sinken nach unten, der Kopf ist aufrecht, der Nacken leicht gestreckt.

⤳ Innere Beweglichkeit und der Wunsch, die Gedanken der anderen zu erfassen, ist körpersprachlich gut an den Knien eines Menschen ablesbar. Sind sie durchgestreckt, wirkt der ganze Mensch eher unbeweglich. Keine Sorge: In der Praxis geht es nicht darum, in der Schifahrer-Hocke zu sprechen. Tatsächlich ist es nur eine minimale Veränderung in der Körperhaltung und den Gelenken, die von außen nahezu unsichtbar bleiben.

Standpunkt im Sitzen: Kutscherhaltung

⤳ Stellen Sie sich vor, Sie säßen hoch oben auf dem Kutschbock. Ihre Kutsche rumpelt gerade über einen unebenen Weg und Sie haben sich rittlings hingesetzt, um nicht heruntergeschleudert zu werden. Sie spüren die eigene Kraft und den klaren Wunsch, Ihrem Weg zu folgen.

⤳ Nehmen Sie analog dazu Ihren Standpunkt im Sitzen ein: Rutschen Sie auf dem Sessel so weit nach vorn, dass Sie am vorderen Drittel zu sitzen kommen. Um mehr Stabilität zu erlangen, stützen Sie Ihre Füße gut am Boden ab. Sie sitzen frei und lehnen sich nun nicht mehr an.

⤳ Bewegen Sie jetzt Ihre Hüfte, bis Sie Ihre beiden „Sitzhöcker" gut spüren können. Bemerken Sie, wie sich Ihr Oberkörper dadurch aufrichtet? Richten Sie sich weiter auf, bis Sie Ihre „wahre Größe" zeigen. Beobachten Sie, wie sich Ihr Brustkorb nun leicht öffnet und Ihre Atmung freier fließt. Spüren Sie, wie Ihre beiden Schultern etwas schwerer geworden sind und loslassen. Wie fühlt sich das an?

Sie sollten nun so stabil stehen oder sitzen, dass selbst ein hart geworfener Ball oder ein tiefes Schlagloch auf dem Weg Sie nicht mehr aus dem Gleichgewicht bringen kann. Den eigenen Standpunkt behaupten heißt schließlich auch, mit Einwänden oder Gegenargumenten souverän, gelassen und flexibel umzugehen.

Überprüfen Sie das Ergebnis der Übung und hören Sie, wie viel kräftiger Ihre Stimme nun klingt. Wechseln Sie ganz langsamen zwischen den beiden Körperhaltungen: Vom harten Stand mit durchgestreckten Knien hin zum aktiven Stand, vom angelehnten entspannten Sitzen hin zum „Kutschersitz". Um zu hören, ob Ihre Stimme tatsächlich auf veränderte Haltung reagiert, brummen Sie währenddessen ein langgezogenes „mmhhh" vor sich hin, oder zählen Sie im Stil einer Litanei von einundzwanzig bis dreißig. Was genau verändert sich im Klang Ihrer Stimme?

Achten Sie im Alltag immer wieder darauf, Ihre Haltung zu verändern, bevor Sie sprechen. Die Wirkung wird Sie überraschen. Ihre Stimme klingt nun viel stärker im „Brustton der Überzeugung" und somit präsenter, kräftiger und voller.

Frage Nr. 10: Sprechen vor der Gruppe

Allein schon der Gedanke vor einer Gruppe zu sprechen, lässt meinen Atem stocken. Ich spüre einen Kloß im Hals, habe einen flauen Magen und meine Stimme zittert. Weshalb wirkt sich Redestress so stark auf die Stimme aus?

Die Stimme ist ein unfehlbarer Anzeiger für die Souveränität und Selbstsicherheit eines Menschen. Klingt sie voll, rund und klar, vermittelt sie Bestimmtheit und Kompetenz. Anspannung oder Unsicherheit legen sich schnell wie ein unsichtbarer Schleier über den Klang. Die Stimme hört sich nun angespannt, meist auch etwas höher und vielfach enger an. Sie entfernt sich deutlich von der angenehmen „Wohlfühllage".

Kennen Sie diese Alarmzeichen? Der Versuch, die Nervosität zu unterdrücken, wirkt dabei eher kontraproduktiv. Wenn die ersten Worte für die eigenen Ohren dann nur ein wenig „außerhalb der Norm" klingen, kann das die Unsicherheit und Befangenheit eher noch verstärken. Wieder sind es die feinen Stellmuskeln in Ihrem Kehlkopf, die sensibel auf die Anspannung im Organismus reagieren, gleichgültig ob Sie nun vor einer Rede nervös sind oder vom Arbeitspensum gestresst.

···⟩ Überzeugende Stimme braucht durchlässigen Atem. Stress lässt Ihre Atmung jedoch sofort flacher werden. Durch Anspannung Ihres zentralen Atemmuskels, des Zwerchfells, atmen Sie mehr ein als aus. Kurzatmigkeit oder Hochatmung sind die Folge.

···⟩ Eine wohlklingende Stimme breitet sich nur von frei schwingenden Stimmlippen aus. Die sensiblen Stimmmuskeln im Kehlkopf reagieren aber sofort auf die gespannte Atmung und können dann nicht mehr frei schwingen. Schon klingt Ihre Stimme etwas belegt, wie im Schwung gebremst, weniger voll und höher. Die typische Spannung in den Schultern, im Nacken und im Hals verstärkt diesen unerwünschten Effekt.

···⟩ Dank präziser Artikulation gut verstanden zu werden setzt lockere und arbeitsbereite Muskeln in der *Artikulationszone* voraus, also dort, wo Ihre Stimme zur Sprache wird. Wenn aber der Kiefer fest ist und die Zunge unbeweglich, die Lippen zusammengepresst und die Mimik angespannt, wird es für die Zuhörer deutlich schwieriger, Ihren Worten zu folgen.

Gibt es etwas, das ich gegen die Verspannung durch die aufsteigende Nervosität vor einer wichtigen Rede tun kann?

Meine wichtigste Empfehlung, auch wenn sie paradox klingen mag: Versuchen Sie erst gar nicht, Ihre Nervosität zu unterdrücken! Denn mit der Anspannung verhält es sich wie mit einem Druckkochtopf. Wenn Sie die Herdplatte einschalten und das Ventil am Deckel geschlossen halten, steigt der Druck im Kochtopf immer weiter an. Den unerwünschten und hemmenden inneren Druck loszulassen, dabei aber den positiven Aspekt, nämlich die Energie, die dabei entsteht, dennoch zu nutzen, das ist die Kunst im Umgang mit Nervosität.

Als Schauspieler hatte ich bei unzähligen Premieren Gelegenheit, die Probe aufs Exempel zu machen. Noch heute spüre ich dieses Kribbeln und diese Spannung, wenn ich daran denke, wie es war, bis zu vier Stunden mentale und auch körperliche

Höchstleistung auf der Bühne vor mir zu wissen, von der Anforderung an das Gedächtnis einmal ganz zu schweigen. Ein Hochseilakt ohne Netz gewissermaßen, und das unter strenger Beobachtung der Kritiker und der erwartungsvollen Zuschauer. Selbstverständlich will das Publikum keinen nervösen, gestressten Akteur sehen. Blendende Ausstrahlung ist gefragt, ruhige Gelassenheit, Charisma – und eine Stimme, die den ganzen Raum ausfüllt, bis zur allerletzten Reihe.

Es gibt zwei Techniken, die mir ganz besonders dabei geholfen haben, meine Anspannung vor dem Betreten der Bühne in gebündelte, wirkungsvolle Energie umzuwandeln. Möglicherweise erscheinen sie Ihnen zunächst ungewöhnlich und zugegebenermaßen erfordert es anfangs, über den eigenen Schatten zu springen. Doch glauben Sie mir: Diese Techniken sind praxiserprobt und wirken in kürzester Zeit.

! *Meine persönlichen Tipps:*

⋯› *Technik 1 „Professionelles Blödeln":* Erlauben Sie Ihrem „inneren Kind" für zehn Sekunden, seine volle Ausdruckskraft zu entfalten! Versetzen Sie sich für einen Moment zurück in Ihre Kindheit, denken Sie an ein unbeschwertes Spiel. Erinnern Sie sich noch, wie Sie sich gegenseitig dabei übertrumpft haben, die wildesten Grimassen zu schneiden? Wenn Sie jetzt noch einen Spiegel vor sich haben, ist der Einstieg in die Übung perfekt. Schneiden Sie Ihrem Spiegelbild ein paar der verrücktesten Gesichter, die Ihnen einfallen. Strecken Sie inbrünstig die Zunge heraus, imitieren Sie jemanden, den Sie nicht mögen, lallen Sie wie ein Betrunkener, verrenken Sie Ihre Glieder. Genießen Sie diesen kurzen Ausflug in die Kindheit und lassen Sie Ihr Lachen und den Übermut zu.
Ihr Nutzen: Sie bauen Adrenalin ab und erweitern gleichzeitig Ihren gestischen Raum. Ihre Atmung normalisiert sich und gewinnt wieder an Volumen. Ein weiterer Vorteil: Grimassen schneiden verbessert Ihre Artikulation, denn die entsprechenden Muskeln werden ausgiebig bewegt und ein wenig gedehnt. Achtung: Suchen Sie für diese Art des Aufwärmens einen geschützten Ort auf! Schließlich treten Sie anschließend als kompetenter Erwachsener mit souveränem Fachwissen vor Ihre Zuhörer.

⋯› *Technik 2 „Stoßseufzer":* Mit dieser Technik erleben Sie in wenigen Sekunden tiefe innere Gelassenheit und Erfrischung durch die Kraft des Atems. Alles, was Sie dazu benötigen, ist ein Ort, an dem Sie ein paar Sekunden für sich allein sein können. Schließen Sie für einen Moment die Augen. Heben Sie dann mit einem langen, tiefen Einatem Ihre Schultern hoch und spüren Sie einen Moment lang, wie sich all die innere Unruhe und Hektik ansammelt. Nun lassen Sie alles mit einem herzhaft tiefen Stoßseufzer los: „Aaaaahh!" Wichtig: Es kommt nicht darauf an, auf welchen Buchstaben Sie ausseufzen (Sie können auch ein stimmhaftes „wwwwh!" wählen), doch es ist wesentlich, dass Sie Ihrem Seufzer einen Ton geben. Denn erst der stimmhafte Seufzer löst alle Atemspannungen.

Frage Nr. 11: Gespräch mit dem Vorgesetzten
Wenn ich ein Gespräch mit meinem Vorgesetzten vor mir habe, fühle ich mich nervös und angespannt. Meine Stimme wird ganz kleinlaut und unsicher. Welche Techniken gibt es hier, um das zu ändern?

Auf unterschiedliche Machtverhältnisse reagieren Menschen sehr verschieden. In manchen lösen sie Widerstand aus, andere reagieren defensiv. Wieder ist die Stimme der untrügliche Indikator für unbewusste innere Vorgänge. Die eben genannten Techniken lassen sich auch hier hervorragend anwenden. Wiederum mit dem wichtigen Hinweis, dass Sie sich einen geschützten Raum suchen, in dem Sie ungestört sind. Wie das in der Praxis aussehen kann, zeigt das Beispiel, das mir eine Teilnehmerin nach einem Workshop berichtete:

Vor einem besonders wichtigen Termin mit ihrem Vorgesetzten, einem Quartalsgespräch, sei sie nicht wie gewohnt gleich durch das Büro der Sekretärin ins Chefbüro gegangen. Sie legte eine Zwischenstation im Waschraum ein und vergewisserte sich, auch wirklich allein zu sein. Dann stellte sie sich standfest und angriffslustig vor den Spiegel und streckte ihrem Spiegelbild mit festem Blick kräftig die Zunge heraus, gestikulierte lautstark mit allerlei untermalenden Gesten und ließ ihre Lippen flattern wie ein schnaubendes Pferd. Anschließend ging sie seelenruhig und gestärkt in das Gespräch. Der Termin endete mit einer Lohnerhöhung.

Die Denkmöglichkeiten Ihres Gehirns sind eng an Ihre Bewegungsmuster gekoppelt. Bereits nach fünf Sekunden Ulken und Albern fassen Sie neuen Mut und reaktivieren Ihre innere Stärke. Dieses „aus sich herausgehen" verändert blitzschnell den Ausdrucksradius Ihrer Gestik, löst Verspannungen, befreit Ihre Atmung und Ihr Denken.

Übrigens: Mentale Vorbereitung vor dem Termin unterstützt Ihre Selbstsicherheit zusätzlich. Wann immer es möglich ist, bereiten Sie sich auf solche Situationen kurz vor. In Ihnen schlummern alle Ressourcen, die Sie zu deren Bewältigung benötigen. Der Schlüssel liegt im Unterbrechen der selbstverstärkenden Vorannahmen. „Meine Stimme wird bestimmt wieder ganz kleinlaut und zittrig und ich kann nichts dagegen tun" – wenn Sie so denken, ist der „Erfolg" geradezu vorprogrammiert, denn all Ihre Aufmerksamkeit ist auf die befürchteten Anzeichen gerichtet, die dann auch prompt eintreten. Durchbrechen Sie diesen Kreislauf!

Frage Nr. 12: Stimme im Konflikt
Wenn ich mich aufrege, insbesondere in Konflikten, wird meine Stimme sehr schnell laut und schrill. Was kann ich dagegen tun?

Anspannung erhöht die Stimme. Meinungsverschiedenheiten kommen unter Menschen einfach immer wieder vor. Zwei oder mehrere Gesprächspartner sind unterschiedlicher Ansicht, jeder beharrt auf seinem Standpunkt und schon entwickelt sich ein handfester Konflikt. Die Körpersprache zeigt angespannte Blicke, Gesten und Körperhaltungen. All das wirkt unmittelbar auf den Klang der Stimme, die Kontrahenten werden merklich lauter und höher, bis die Situation schließlich vielleicht sogar eskaliert und beide einander anschreien.

Was glauben Sie wohl, wem als erstes der Vorwurf gemacht wird: „Jetzt werde doch nicht gleich hysterisch!"? Genau, meist ist es wohl die Frau, die das zu hören bekommt. Im Grunde ist das höchst ungerecht, denn beide Stimmen werden im Konflikt durch Anspannung im selben Maß höher. Den sogenannten „Alarmbereich" erreicht aber die weibliche Stimme einfach früher. Damit sind die hohen Tonlagen der menschlichen Stimme gemeint, die instinktiv etwa für Angstschreie oder Hilferufe verwendet werden. Was in Momenten der Lebensgefahr sinnvoll und nützlich ist, verstärkt jedoch im Streit zusätzlich die Dynamik der Auseinandersetzung.

Was kann ich tun, um meine Stimme wieder „herunterzubringen"?

Es ist sicher nicht ganz einfach, der unwillkürlichen Spiegelung von Gefühlen und Verhaltensweisen zu widerstehen. Achten Sie besonders auf die stimmlichen Warnsignale im Gespräch. Die ersten Anzeichen hören Sie meistens bereits lange bevor der Streit offen ausbricht. Jetzt ist die richtige Gelegenheit zu reagieren.

Praxis-Tipp:
„Sense Focusing" – gezieltes Wahrnehmen zur Selbststeuerung:

⋯⟩ Sobald Sie bemerken, dass in Ihnen Ärger, Zorn oder Wut aufsteigt, fragen Sie sich: „Wo in mir spüre ich dieses Gefühl im Moment körperlich am stärksten?"

⋯⟩ Legen Sie Ihre flache Hand auf diese Stelle. Niemand wird das beachten. Oft ist es der Magen, der sich spürbar zusammenzogen hat, oder der Bauch, in dem es arbeitet, vielleicht auch Ihr Herz, das pocht.

⋯⟩ Spüren Sie in sich hinein. Was genau nehmen Sie wahr? Ist es die Wärme, das Auf und Ab der Atmung? Oder ist es das Schlagen Ihres Herzens?

⋯⟩ Allein durch die Berührung wird sich die Spannung langsam zu lösen beginnen. Nun sind Sie steuerungsfähiger und können selbstbestimmt handeln. Welche Bedürfnisse und Wünsche liegen hinter der Verärgerung oder dem Vorwurf? Welchen kleinsten konstruktiven Schritt könnten Sie nun tun, um zur Lösung des Konflikts beizutragen?

⋯⟩ Sie können Ihre Stimme stärker in Richtung des vertrauenerweckenden Eigentons führen (vgl. Frage 7), indem Sie ein „mmhhh" von sich geben. Keine Sorge: Ein einfaches „mmhhh" heißt noch nicht, dass sie den Aussagen Ihres Gegenübers zustimmen. Es signalisiert allerdings, dass Sie ihm zuhören und versuchen, seinen Standpunkt zu verstehen. Auch das kann bereits konfliktentschärfend und auf Ihr Gegenüber besänftigend wirken.

Mit Hilfe dieser Methode erlangen Sie im Konflikt Ihre Handlungsfähigkeit wieder und beruhigen Ihre Stimme, weil Sie Ihrem Körper einen Teil der Anspannung nehmen. Wenden Sie diese Methode überall dort an, wo starke Gefühle Ihre Handlungsfähigkeit einschränken.

5. Die wichtigsten Qualitäten der Stimme im Beruf

„Die Stimme ist ein Primärsignal in der menschlichen Kommunikation."
– *Ingrid Amon*

„Müller, Soundso-Versicherung. Spreche ich mit …?" – Wenn das Telefon läutet, Sie den Hörer abheben und die Stimme des Anrufers hören – wie viele Sekunden benötigen Sie dann, um zu entscheiden, ob Sie dieses Gespräch weiterführen wollen oder nicht? Die ersten Signale im Gespräch sind offensichtlich besonders entscheidend für den weiteren Verlauf. Die Gehirnforschung beschreibt heute sehr präzise, wie dieser prägende „erste Eindruck" zustande kommt. Freund oder Feind? Vorteil oder Gefahr? Begehrenswert oder uninteressant? Um in kürzester Zeit reagieren zu können, vergleicht das Gehirn eine Reihe spezieller Muster mit abgespeicherten Vorlagen. Sicher kennen Sie das Sprichwort: „Es gibt keine zweite Chance für den ersten Eindruck!" Tatsächlich wird durch den „Primacy-Effekt" (primacy = Vorrang) die Bedeutung der ersten Gesprächssekunden noch weiter verstärkt. Demnach beeinflussen zuerst erhaltene Informationen die Beurteilung besonders stark. Der erste Eindruck, aber auch Vorinformationen werden so für spätere Bewertungen entscheidend. Ähnlich arbeitet der sogenannte Halo-Effekt (Halo = Überstrahlung). Die zuallererst wahrgenommenen Merkmale oder Verhaltensweisen überstrahlen alle nachfolgenden. Nicht nur am Telefon, auch im persönlichen Gespräch kann so eine freundliche, sympathische Stimme der nachfolgenden schlechten Nachricht die Spitze nehmen.

Welche Rolle spielt die Stimme im Beruf und im Geschäftsleben?

Die Stimme macht mehr als ein Drittel des persönlichen Eindrucks aus. In der Studie „Wirtschaftsfaktor Stimme" kommt Motivforscherin Helene Karmasin zu dem Schluss, dass sich 80 Prozent der österreichischen Führungskräfte dieses Umstandes bewusst sind. Trotzdem haben bisher nicht einmal 25 Prozent ein professionelles Stimmtraining genutzt. Den höchsten Stellenwert der Stimme sehen die Befragten bei öffentlichen Auftritten und im Verkauf (94 Prozent), gefolgt von Präsentationen, Erstkontakten, Überzeugungsversuchen und Ausübung von Autorität sowie Schulungen und Vorträgen, Bewerbungsgesprächen, Durchsetzung in Teams und nicht zuletzt im zwischenmenschlichen Bereich.

Wo kommt die Stimme besonders zur Geltung?

Wussten Sie, dass Zuhörer Präsentationen zu über 80 Prozent als langweilig und ermüdend empfinden? Eine Umfrage des *Wallstreet Journals* zeigt, dass Zuhörer 40 Prozent aller Präsentationen als „einschläfernd" bewerten, 44 Prozent als „langweilig", 13 Prozent als „OK" und nur drei Prozent als „begeisternd". An den vorgestellten Inhalten allein kann das nicht liegen. Und PowerPoint die Schuld zuzuschieben, ist wohl auch zu einfach. Denn selbst die ärgste Folienschlacht wird durch Worte verloren oder gewonnen. Hier werden ganz oft wesentliche Chancen vergeben, wenn die schleppende Art des Vortrags, eine schwer verständliche Sprechweise oder eine wenig akzentuierte Stimme von den tatsächlich interessanten Themen ablenken. Täglich werden in Europa Millionen Euro an Arbeitszeit und Auftragswerten vernichtet durch monotone Vorträge, säuselnde Telefonstimmen, polternde Verkäufer und stimmlahme Führungskräfte. Doch das Bewusstsein für die Stimme als Wirtschaftsfaktor steigt. Immer mehr Unternehmen erkennen, dass „der Ton die Musik macht" und sehen, dass es auch wirtschaftlich lohnt, in entsprechende Qualifikationen zu investieren. Die Sensibilität für den Wert einer „Corporate Voice" wächst.

Eine wohlklingende Stimme entscheidet also häufig über Erfolg oder Misserfolg. Ein Mensch mit einer guten Stimme strahlt Kompetenz, Glaubwürdigkeit und Vertrauen aus: Werte, die ganz besonders in Berufen mit Kundenkontakt, etwa in Vertrieb und Verkauf, aber auch in Führungsaufgaben von höchster Bedeutung sind.

In welchen Branchen spielt die Stimme eine besonders wichtige Rolle?

Heute kann wohl keine Branche mehr behaupten, die Qualität der Kommunikation mit dem Kunden oder der Ton im Unternehmen selbst wären ohne Bedeutung, Hauptsache das Produkt stimmt. Je austauschbarer Waren und Leistungen sind, desto mehr kommt es auf die kommunikativen Qualitäten an. Das gilt nicht nur gegenüber Kunden, sondern betrifft auch sämtliche andere Kontakte auf dem langen Weg von der Leistung zum Abnehmer: Lieferanten, Agenturen, interne Abteilungen, Teammitglieder, Mitarbeiter und Vorgesetzte.

Im Personalbüro gilt heute: Wenn zwei Mitarbeiter mit gleichen fachlichen Qualifikationen für eine Führungsaufgabe zur Auswahl stehen, erhält ohne Zweifel jener den Job, der die größere Kommunikationskompetenz aufweist – zumindest, wenn es darum geht, die eigenen Stärken stimmig darzustellen. Dasselbe gilt für Bewerber, vom Berufsanfänger zum externen Einsteiger bis hin zu internen Stellenwechseln.

Darüber hinaus werden wesentliche Geschäftsentscheidungen immer noch auf Grund von Gesprächen und persönlicher Auseinandersetzung getroffen – trotz des hohen Stellenwertes, den eMail und Internet mittlerweile erreicht haben. Die Stimme hat also „das letzte Wort".

Ist der Schwerpunkt beim Stimmtraining das Telefonieren?

Überraschenderweise nein. Im Vordergrund stehen meist jene Alltagsmomente, in denen ein „Mangel" festgestellt wird, die Stimme beispielsweise als unsicher oder nicht tragfähig genug erlebt wird. Das sind insbesondere Präsentationen, das Sprechen in Meetings oder auch Konfliktgespräche und selbstverständlich auch Telefonate im Servicebereich oder im Beschwerdemanagement. In vielen Berufen wird die Bedeutung der Stimme übrigens erst auf den zweiten Blick sichtbar. Hätten Sie die Stylistin in Ihrem Friseursalon ohne nachzudenken zu den Kommunikationsberufen gezählt?

Stimmtrainings werden von Geschäftsführern und Industrievorständen ebenso wie von Mitarbeitern aus Handel, Dienstleistung und Industrie besucht. Erstaunlich, dass bei der Berufsausbildung für klassische Stimmberufe wie Trainer, Berater oder Pfarrer und Pastoren die Stimmausbildung meist ebenso fehlt wie in der Lehrerausbildung und bei Mitarbeitern im Callcenter. Dabei kommt es gerade bei „Vielsprechern" darauf an, dass sie sich darauf verstehen, Ihre Stimme ökonomisch zu gebrauchen und wissen, wie sie sie pflegen können. Andernfalls resultieren daraus neben frustrierenden Erlebnissen im Gesprächsalltag überdurchschnittlich steigende Krankenstände. Das gilt ganz besonders für die Heizperiode, wenn die Schleimhäute der Stimmlippen durch trockene, warme Luft in den Räumen und kalte Außenluft besonders belastet werden.

Kann eine Geschäftsanbahnung an der Stimme scheitern?

Ohne Frage ja. Sicher haben Sie das auch schon einmal erlebt: Sie erhalten einen Anruf und jemand bietet Ihnen ein Produkt oder eine Dienstleistung an. Noch bevor Sie auf die Details eingehen, entscheiden Sie auf Grund von Sprechweise und Stimmklang, ob Sie das Gespräch überhaupt weiterführen. Wenn Sie eine sympathische, anziehende Stimme hören, ist zumindest der Gesprächseinstieg gesichert.

Was am Telefon ganz besonders ins Gewicht fällt, spielt auch bei der persönlichen Begegnung eine nicht zu verachtende Rolle. Die erste Wahrnehmung gilt dem Visuellem, also dem sichtbaren Auftreten, der Kleidung, der Frisur etc. Kleider machen Leute, so lange wir uns in der Sehwelt bewegen. Sie können in die Boutique gehen und sich einen Maßanzug schneidern lassen, wenn das nötige Kleingeld vorhanden ist, oder den Promifriseur beauftragen, Ihnen eine schnittige Frisur zu verpassen. In dem Moment allerdings, in dem Sie den Mund aufmachen, werden schlagartig Schlüsselfaktoren Ihrer Persönlichkeit über Ihre Stimme und Ihre Sprechweise hörbar.

Ist die Stimme ein Schlüssel zur Beziehung?

Es gibt nichts Dramatischeres im Leben von Männern und Frauen, als wenn sie jemanden sehen und spontan angetan sind, doch dann öffnet sich der Mund und Sie hören eine Stimme, die überhaupt nicht zu dem äußeren Eindruck passt. Ein eindeutiges Erlebnis, und das gilt für das Geschäftsleben ganz genau so. Wenn der Mann, der im Zweireiher mit dem seidenen Schlips und der modernen Brille auftaucht, der so ordentlich und geschäftstüchtig ausschaut, den Mund aufmacht und es kommen die (für Sie) falschen Töne heraus, wissen Sie sofort: Diesen Menschen werden Sie nicht ernst nehmen können. Die Kleidung kann täuschen, doch in dem Moment, in dem der Mensch den Mund öffnet und spricht, wissen Sie, ob er authentisch und vertrauenswürdig ist. Und je nachdem, ob die Stimme, die da klingt und die Sprechweise, die Sie dann hören, zu diesem ersten Eindruck passen oder nicht, entscheidet sich der weitere Verlauf der Beziehung. Natürlich muss auch das Angebot an sich interessant sein. Doch die Wissenschaft belegt ganz klar: Der Stimmklang ist für den Aufbau von Vertrauen entscheidend.

Kann eine gute Stimme fehlendes Fachwissen „übertünchen"?

Nur kurzfristig. „Blender" haben selten eine zweite Chance. Wer nachhaltige Beziehungen aufbauen will, ist gut beraten, sachliche Kompetenz und persönliche Ausstrahlung in gleichem Maße einzusetzen. Bei gleichem Fachwissen aber erhält die sympathische Stimme den Zuschlag.

Wie lange dauert es, eine Stimme für den „normalen" Geschäftsbereich zu schulen?

Im Geschäftsleben geht es häufig um spezielle Momente, in denen auffällt, dass die Stimme nicht tragfähig genug oder unsicher ist. In der Regel spielen hier die situativen Einflüsse eine große Rolle, die vor allem das Wissen um die eigenen Steuerungsmöglichkeiten und das „Wie" erfordern. Erste positive Ergebnisse zeigen sich daher bereits unmittelbar nach dem Seminar oder dem Coaching. Teilnehmer berichten unter anderem von deutlich mehr Aufmerksamkeit für ihre Diskussionsbeiträge, weniger Nervosität vor Präsentationen und mehr Klarheit in den Aussagen. Ich erinnere mich an eine Seminarteilnehmerin, deren Chef mich erstaunt anrief, weil er gar nicht fassen konnte, wie selbstsicher seine Mitarbeiterin plötzlich argumentierte.

Wie jede gute Investition bringt professionelles Stimmtraining kurz- und langfristige Effekte. Langfristig reicht die Palette der Ergebnisse von „habe die gewünschte Position erhalten" über „reagiere auf Konflikte viel souveräner" bis „habe viele positive Rückmeldungen nach meinem Fernsehauftritt erhalten".

Welche Tipps gibt es konkret für meinen Berufsalltag?

Eine wesentliche Rolle spielt die Stimme bei drei typischen Gelegenheiten: am Telefon, beim Präsentieren und in Gesprächen. Bei diesen drei Begegnungen kann es zu heiklen Situationen kommen, etwa zu Meinungsverschiedenheiten oder persönlichen Angriffen. Darauf werden wir noch separat zu sprechen kommen. Allen Situationen gemeinsam ist die Führungsfunktion, die Sie im Moment des Sprechens übernehmen.

STIMME UND FÜHRUNG

Was genau hat Stimme mit Führung zu tun?

Momente des Führens, also des Leitens und Lenkens, geschehen im Alltag viel öfter, als wir wahrnehmen. Wann immer Sie die Stimme erheben, um etwas zu sagen, möchten Sie mit Ihren Gesprächspartnern etwas teilen, Sie möchten etwas *mitteilen*. In diesem Moment beanspruchen Sie die Aufmerksamkeit der anderen für sich und wünschen sich, dass Ihnen zugehört und Ihre Botschaft aufgenommen wird. Wenn Sie es schaffen, die Aufmerksamkeit zu erreichen, ohne dass Ihre Gesprächspartner aktiv etwas dazu beitragen, führen Sie in diesem Moment unbewusst.

Persönliche Führungskompetenz wird in erster Linie im unmittelbaren Kontakt erlebbar, also in Gesprächen, Sitzungen und Schulungen oder am Telefon. Dort rufen mangelnde Stimme und Sprechweise auch den größten Unmut hervor.

Nun liegt es an Ihnen, diese Führungssituationen gewinnbringend zu nutzen. Das kann nur gelingen, wenn Sie beim Sprechen für Ihre Zuhörer eine gewisse Serviceleistung erbringen, denn sicher erinnern Sie sich: Es gibt elf Millionen Informationsreize, die sekündlich auf den Organismus einströmen – und nur 40 davon dringen ins Bewusstsein vor. Sie sehen also: Das Ablenkungspotential ist groß. Nach welchen Kriterien wählt Ihr Gehirn diese 40 Reize aus? Es muss den Aufwand und die Energie lohnen, ausgerechnet für diese Impulse die Filter zu öffnen. Wenn sich das Gehirn nun auch noch anstrengen muss, um Ihren Worten zu folgen, driftet die Aufmerksamkeit Ihrer Gesprächspartner rasch ab. Schon wird in Unterlagen geblättert, eigenen Gedanken nachgehangen oder auf die Uhr geblickt.

Was sind die Anforderungen an Stimme und Sprechweise, damit ich verstanden werde und mein Gegenüber mir gut zuhören kann?

Es gibt drei Ebenen, die angesprochen sind, wenn es darum geht, Ihren Redebeitrag serviceorientiert zu gestalten, so dass Ihnen konzentrierte Aufmerksamkeit gewiss ist:

···} *Stimmklang und Sprechweise:*
Hier stehen *Verständlichkeit*, *Wohlklang*, *Modulation* und *Aktivierung* im Vordergrund.

Als Sprecher sind Sie gefordert, eine Balance zwischen einer voll tönenden Stimme und einer aktivierenden Sprechmelodie zu schaffen. Gewisse dunkle und tiefere Klänge vermitteln Vertrauen und wirken beruhigend. Das hängt mit den allerersten Hörerfahrungen im Mutterleib zusammen, wo die Außenwelt ebenfalls brummig und dumpf wahrgenommen wurde, verbunden mit dem Urerlebnis von Geborgenheit und Sicherheit. Verständlich und aktivierend wirken Sie andererseits erst, wenn sich zur voluminösen stimmlichen Vertrauensbasis auch helle Klänge und eine akzentuierte Sprechmelodie gesellen. Nicht zufällig werden in der englischen Sprache diese Klänge als *ringing* bezeichnet, also als „Klingeln". Sie läuten sinnbildlich gesprochen an der Glocke der Wahrnehmung und geben deutlich zu erkennen, dass Sie mit Ihren Worten Einlass begehren.

Was sind die Voraussetzungen für diese beiden Stimmqualitäten? Der eigene Standpunkt (körpersprachlich und inhaltlich) sowie Ihre eigene gute Befindlichkeit sorgen dafür, dass Sie in der Wohlfühllage mit Stimmvolumen Vertrauen schaffen. Ihr konkretes, aktives Verlangen, gehört zu werden, lässt Ihre Stimme zielgerichtet „klingeln".

! Praxis-Tipp:
Um Ihren Stimmklang und Ihre Sprechweise fit zu machen, greifen Sie auf die wirkungsvollen Sekundenübungen zurück, die ausführlich in Kapitel 8 erklärt sind.

···> *Beziehungsebene:*
Im Fokus stehen hier Vertrauen und die Vermittlung von Sicherheit (Selbstsicherheit: *Ich bin okay* sowie Akzeptanz des Gegenübers: *Du bist okay*).

Mensch statt Sache: Haben Sie schon einmal bemerkt, wie deutlich sich der Tonfall der Stimme ändert, sobald sich jemand nicht mehr nur als „Mitarbeiter" oder „Kunde", sondern ganz persönlich als Mensch angesprochen fühlt? Der Klang wird etwas weicher, voller und runder – ein untrügliches Signal. Mit der richtigen Einstellung und etwas Achtsamkeit können Sie so bereits am Anfang eines Gesprächs oder Telefonats die Weichen zum Erfolg stellen. Damit das Gespräch in den Fluss kommt, gewinnen Sie, wenn Sie Ihrem Gegenüber einen Vorschuss an Vertrauen geben. Ganz bestimmt wird er diese innere Haltung spüren und selbst aufgeschlossener sein. Menschen schätzen es, wenn Sie ihnen aufrichtig und konsensgerichtet begegnen. Sie wollen akzeptiert und respektiert, menschlich also nicht in Frage gestellt werden. Wieder ist es der *Eigenton* Ihrer Stimme mit den warmen, vollen und tieferen Klängen, der entscheidende Signale aussendet.

! Praxis-Tipp „Mentale Stimm-Vorbereitung":
So bereiten Sie sich schnell stimmlich vor, um anfängliches Misstrauen in *Vertrauen* zu verwandeln, *Geborgenheit* und *Sicherheit* zu vermitteln:
Überprüfen Sie als erstes Ihre Einstellung: Wollen Sie jetzt wirklich ein persönliches Gespräch führen?

···> Sind Sie offen und bereit, Ihren Gesprächspartner so anzunehmen, wie er oder sie gerade ist?

···> Wie sitzen oder stehen Sie gerade? Fühlen Sie sich sicher, aktiv und bereit für das Gespräch?

···> Nicken Sie sich nun selbst zu und quittieren Sie die Ergebnisse Ihrer kurzen Vorbereitung mit einem hörbaren „mmhh!". Achten Sie dabei auf den angenehmen Klang Ihrer Stimme. So können Sie später im Gespräch leicht an diesen Wohlklang anknüpfen.

Im Gespräch selbst hat sich der folgende Drei-Schritt als besonders wirksam erwiesen:
⋯⟶ Gesprächsbeginn auf der Beziehungsebene (persönlicher Ton),
⋯⟶ dann die Klärung wichtiger Inhalte und Sachfragen (hier darf die Stimme etwas sachlicher klingen),
⋯⟶ um am Ende wieder zum persönlichen Ton zurückzukehren. Das erlaubt Ihnen, beim nächsten Gespräch an die gute Beziehung anzuknüpfen, denn sie ist als letztes in Erinnerung geblieben.

⋯⟶ *Sachliche Ebene:*
Hier geht es um Klarheit, Kompetenz, Glaubwürdigkeit und Überzeugungskraft.

Klarheit: In diesem speziellen Punkt ist Ihre Stimme sehr verräterisch. Sie drückt unbewusst sehr deutlich aus, ob Sie sich selbst über Ihr Thema im Klaren sind oder nicht. Nur wenn keine inneren Zweifel, Vorbehalte oder Unsicherheiten an Ihnen nagen, klingt Ihre Stimme klar und rein. Das beste Mittel, um selbst Klarheit zu bekommen, ist eine gute inhaltliche Vorbereitung.

Sicher und bestimmt: Sie können anderen nur dann Sicherheit vermitteln, wenn Sie selbst sicher genug sind. Wenn Sie selbst Ihren eigenen Standpunkt gefunden haben, wird Ihre Stimme das auch klanglich bezeugen. Körpersprachlich unterstützen Sie Ihre Stimme, indem Sie sichtbar Ihren *Standpunkt* einnehmen, sich also aufrecht und in Balance präsentieren.

Orientierung: Damit die menschliche Stimme ihre vielfältigen Aufgaben gut erfüllen kann, hat die Natur sie mit einem sehr variablen Klangspektrum ausgestattet. Eine Stimme ist nicht nur hoch oder tief, sondern sie *klingt* und zwar in jedem Moment unterschiedlich. Um Orientierung zu geben, braucht die Stimme bestimmte Leittöne im Klangspektrum, die sogenannten „Sprecherformanten". Technisch formuliert handelt es sich dabei um energiereiche Obertöne zwischen 2.000 und 4.000 Hertz.

Was ist das Besondere an diesen Leittönen? Sie befinden sich in einem Frequenzbereich, auf den das menschliche Gehör besonders sensibel reagiert – und zwar bis zu 40 Mal stärker als auf andere Frequenzbereiche. Vielleicht kennen Sie das noch von früher: Kaum hatten Sie als Kind beim Hereinkommen vergessen, die Tür zu schließen, schon traf Sie ein deutliches: „Du hast schon wieder die Tür offen gelassen!" – und das, obwohl die Eltern mit dem Rücken zur Tür saßen oder sich sogar im Nebenraum aufhielten. In diesem Moment sprachen sie genau in besagtem Klangspektrum, sodass Sie unzweifelhaft wussten: Hier bin ich gemeint und niemand sonst.

STIMME AM TELEFON

Inwiefern ist die Stimme am Telefon besonders herausgefordert?

„Firma ABC, Sie sprechen mit Heinz Muster, was kann ich für Sie tun?" – So wunderschön das Firmengebäude, das Logo oder die Website auch aussehen mögen: Wenn ein Kunde anruft, ist es die erste Stimme am Telefon, die als akustische Visitenkarte des Unternehmens wahrgenommen wird. Alles, was Sie bisher schon über die Stimme und ihre Wirkung erfahren haben, potenziert sich beim Telefonat. Denn hier wirken Sie ausschließlich über Ihre Stimme. Blicke, Mimik, Gestik, Körpersprache – auf all das können Sie am Telefon nicht sichtbar zurückgreifen. Doch die gute Nachricht ist: Hörbar wird es dennoch. Was bedeutet das in der Praxis? Sobald Sie sich dieser Zusammenhänge bewusst sind, können Sie sie gewinnbringend einsetzen und werden nicht mehr von Missverständnissen überrascht.

Wann werden die Weichen für ein erfolgreiches Telefonat gestellt?

Bereits der erste Kontakt am Telefon, die ersten Sekunden eines Gesprächs sind entscheidend für den weiteren Verlauf. Dabei ist es gerade am Telefon besonders schwierig, schon beim Abheben persönlich und einladend zu wirken. Wenn das Telefon läutet, wissen Sie erst einmal nur, dass jemand Kontakt aufnehmen möchte. Weder sehen Sie Ihren neuen Gesprächspartner noch kennen Sie den Grund seines Anrufes. Deshalb klingt die Stimme bei der Gesprächsannahme meist so unpersönlich, abwartend und geradezu prüfend.

Das ist doppelt fatal, denn auch die Anrufer haben häufig nur die Nummer eines Unternehmens oder einer Hotline gewählt, um etwas zu erledigen, zu bestellen oder um etwas zu reklamieren. Prompt treffen sie auf die abwartende, sachliche Stimme am anderen Ende der Leitung. Schnell entsteht das Gefühl, lästig zu sein und der Eindruck, die angerufene Stelle habe kein echtes Interesse an der Person und ihrem Anliegen.

Was ist von der Empfehlung zu halten, am Telefon zu lächeln?

Schon das Geräusch lachender Menschen veranlasst die Spiegelneuronen im Gehirn, die Gesichtsmuskeln automatisch auf das Mitlachen vorzubereiten. Daher ist Lachen ansteckend, selbst wenn der Grund für die Fröhlichkeit unbekannt ist, erklärt die britische Forscherin Jane Warren. Auch alle anderen menschlichen Äußerungen wie Triumph, Spaß, Angst, Wut oder Ekel aktivieren bei den Zuhörern die Gesichtsmuskulatur, jedoch wirken die positiven Gefühlsausdrücke deutlich stärker.

Ist Lächeln am Telefon also das Erfolgskriterium schlechthin? Ziehen Sie doch einfach mal Ihre Mundwinkel rechts und links nach oben, wählen dann die Nummer eines Freundes und beginnen ein Gespräch. Was denken Sie, kommt beim anderen an? Viele Beispiele aus Callcentern bestätigen es: Tatsächlich wirkungsvoll überträgt sich das Lächeln erst dann, wenn es von innen heraus kommt, wenn es authentisch und ernst gemeint ist.

Was aber, wenn mir nicht nach Lachen zumute ist?

Machen wir uns nichts vor: Business ist nicht immer Friede, Freude, Eierkuchen, sondern mitunter ein hartes Geschäft. Sie gelangen an Grenzen, ob es finanzielle Engpässe oder Grenzen der persönlichen Belastbarkeit sind. Sie spüren Termindruck, erreichen Umsatzzahlen nicht, Prozesse laufen nicht rund, Absprachen werden nicht eingehalten. Wer bei der Arbeit permanent Gefühle unterdrückt, tut weder sich selbst noch seinem Gesprächspartner am Telefon einen Gefallen. Denn auch dieser bekommt zumindest unterschwellig mit, dass etwas im Gespräch nicht ganz stimmig ist.

Wie schön wäre es, einfach mal kräftig zurückzuschnauzen, wenn ein Kunde nervt?! Gerade im Servicebereich können Mitarbeiter es sich jedoch nicht leisten, sich auch mal gehen zu lassen. Oft gibt es nur einen Kontakt zum Kunden und der ist entscheidend für den weiteren Verlauf der geschäftlichen Beziehungen. Kundenfreundlichkeit und Anstand gebieten es, die Aggressionen herunterzuschlucken. Das ist auf Dauer nicht nur frustrierend, sondern kann auch die Gesundheit gefährden, wie Studien der Universität Frankfurt a.M. bestätigen. Mit der Zeit stellt sich eine emotionale Erschöpfung ein, die Einschlafstörungen, Nervosität, Kopfschmerzen oder Beklemmungsgefühle zur Folge haben kann. Aufgesetztes Lächeln wirkt langfristig gesehen sogar stimmschädigend, weil dadurch Verspannungen hervorgerufen werden.

Wie kann ich auch ohne dauerhaftes Lächeln das Gespräch positiv gestalten?

Nutzen Sie Ihr neues Wissen über die Stimme, um sich empathisch (= mitempfindend) auf Ihre Gesprächspartner einzustellen. Stimmen Sie sich auf die „innere Klangwelt" des anderen ein. Stimmlage und Sprechgeschwindigkeit geben Ihnen wesentliche Hinweise auf die Gemütslage und das innere Tempo des Menschen am anderen Ende der Leitung. Schaffen Sie einen gemeinsamen Hörraum, in dem Sie sich beide wiederfinden und wohlfühlen, um dann die gemeinsame Reise zu gestalten.

Wie gelingt es am besten? Räumen Sie Ihrem Gesprächspartner mehr Redezeit als sich selbst ein, um sich in Ruhe auf dessen Tonalität „einzuhören". Stellen Sie Fragen, denn indem Ihr Gesprächspartner diese beantwortet, können Sie genau hinhören und sich noch besser in die Gedankenwelt des anderen versetzen. Rasch werden Sie feststellen, dass sich Ihre Stimme dabei unwillkürlich an die Ausdrucksweise des Gesprächspartners anpasst. Jetzt erst haben Sie einen guten gemeinsamen Ausgangspunkt erreicht, haben sich emotional Ihrem Gesprächspartner angenähert, ein gemeinsames Tempo erreicht und Anknüpfungspunkte im Gespräch gefunden. Nun wird es möglich, den oder die andere von dort aus stimmlich zu führen.

Was ist die optimale Körperhaltung am Telefon, um die Stimme zu unterstützen?

Nutzen Sie zwei bis drei Sekunden vor dem Wählen oder die kurze Zeit bis zum zweiten Läuten, um sich für das neue Gespräch bereit zu machen. Rücken Sie auf dem Stuhl nach vorne, sitzen Sie aufrecht und in Balance, am besten mit beiden Füßen am Boden, als wollten Sie etwas in Empfang nehmen. Achten Sie darauf, dass Ihr unterer

Rücken, das „Kraftzentrum" Ihrer Stimme, beweglich und in Balance bleibt. Stehen Sie zwischendurch auf, denn das aktiviert besonders die Wirbelsäule und lässt Atmung und Gestik freier werden. Dadurch stärken Sie Ihre Stimme, sie gewinnt Durchsetzungskraft und klingt dynamischer. Nutzen Sie dieses Potential vor allem, wenn ein Gedanke oder ein Thema Sie besonders bewegt oder Ihnen wichtig ist.

Meine Kollegen sagen, dass ich am Telefon zu laut spreche. Welche Möglichkeiten gibt es, etwas zu ändern?

Wenn im selben Raum lautstark telefoniert wird, kann das von der eigenen Arbeit ablenken. Auf der anderen Seite ist es wichtig, dass Sie am Telefon gut verstanden werden, weil weitreichende Entscheidungen oder Geschäftsabschlüsse oft eine Frage des guten telefonischen Kontakts sind.

Was genau verursacht die Störung? Wie laut oder leise Menschen sprechen, hängt – abgesehen vom Naturell – stark davon ab, welche Erfordernisse das Gehör an die „Stimm-Steuerzentrale" im Gehirn meldet. Sicher kennen Sie diesen Effekt: Wenn es rundherum laut ist, passt sich die Stimme automatisch an. Nachts, wenn alles still ist, spricht man leise, ohne darüber nachzudenken. Das Gehör steuert die Stimme. Die Lautstärke wechselt je nach Umgebung.

Folgende Möglichkeiten haben Sie, um einerseits gute Telefonate zu führen und andererseits mit Ihren Kolleginnen und Kollegen weiterhin gut auszukommen:

··→ *Verwenden Sie zweiohrige Headsets:* Beim normalen Telefonieren nimmt ein Ohr all das auf, was für Ihr Gespräch entscheidend ist, während das zweite „Störschall" empfängt. Sie können sich leicht vorstellen, wie viel Energie Ihr Gehirn aufwenden muss, um das Wesentliche herauszufiltern und alles andere zu unterdrücken. Es kann doch kein Zufalls ein, dass die Natur den Menschen mit zwei Ohren erschaffen hat, meinen Sie nicht auch? Angenommen, jetzt dringt auch noch ein wenig Straßenlärm ins Büro: Je weniger Sie in solchen Momenten vom Telefonat hören, desto lauter wird Ihre Stimme. Aber auch eine schlechte Verbindungsqualität kann einen ähnlichen Effekt haben. Ihre Stimme wird lauter, da Ihr Gehirn vermutet, der Anrufer wäre weit entfernt. Beim Telefonieren mit zweiohrigen Headsets wird Störschall weitgehend abgehalten und Sie hören vom Anrufer doppelt so viel wie zuvor. Die Gesprächsqualität steigt messbar. Da Ihr Gehirn entlastet ist, ermüden Sie darüber hinaus weniger rasch.

··→ *Nehmen Sie sich selbst während des Sprechens wahr:* Da Telefonieren wegen der vielen akustischen Einschränkungen besonders viel Konzentration verlangt, kann es leicht passieren, dass Sie während des Sprechens den Kontakt zu sich selbst verlieren und sich der Redeschwall verselbständigt. Dann klingt die Stimme hell und höher, manchmal durchdringend. Gerade diese Leittöne können Ihre Kollegen im Büro jedoch nicht ausblenden, selbst wenn sie es wollten. Der *Autopilot* Ihrer Kollegen meldet „Wichtig, bitte hinhören!" – und schon fühlen sie sich unterbrochen, die Störung ist da.

Schaffen Sie Abhilfe, indem Sie sich während des Telefonierens ab und zu bewusst „erden". Spüren Sie den Bodenkontakt, setzen Sie sich anders hin oder stehen Sie auf und nehmen Sie einen Moment lang wahr, wo Ihre Muskeln gerade gespannt sind. Beim Sprechen achten Sie zwischendurch darauf, an welchen Stellen Sie die Vibrationen spüren können, die Ihre Stimme gerade verbreitet. Diese Verbindung von außen und innen wirkt sich in der Regel unmittelbar auf die Stimme aus. Der Klang wird voller, runder und weicher. Selbst in einem kleinen Büro werden sich Ihre Kollegen nun weniger gestört fühlen.

⋯⟩ *Definieren Sie Ihre persönliche Distanz zum Gesprächspartner:* Wenn Sie laut sprechen, kann das auch heißen, dass Sie sich jemanden vom Leib halten möchten. Es ist vergleichbar mit dem kumpelhaften „Poltern" unter Kollegen, als wolle man seinem Gegenüber einen Knuff geben – und dadurch den Abstand bewahren. Nähe und Distanz sind zwei wichtige Charakteristika der stimmlichen Wirkung. Achten Sie einmal auf den unterschiedlichen Klang Ihrer Stimme, wenn Sie jemanden gut kennen und Intimes besprechen gegenüber einer Situation, in der Sie einen Fremden begrüßen. Während im ersten Fall Ihre Stimme vermutlich weicher und leiser, irgendwie vertraut und näher klingt, zeigen der Klang und die Lautstärke im zweiten Fall sicher eine gewisse Distanz. Entscheiden Sie also bewusst: Ist es die Abgrenzung, die Ihnen gerade wichtig ist, oder die Verbindung? Vielleicht verhindert nur eine Gewohnheit, dass Sie auch stimmlich Ihrem Gesprächspartner näher kommen.

⋯⟩ *Passen Sie die Raumakustik an.* Auch wenn Sie vielleicht im Büro nicht den gewünschten Einfluss darauf haben, sei es dennoch erwähnt. Eine gute Schalldämmung im Raum verhindert, dass sich die Lautstärke aufschaukelt und Stimmen dadurch allzu laut wirken. Perforierte Akustikdecken, stoffbezogene Pinnwände, Vorhänge, Teppich, auch Pflanzen etc. tragen zur Schalldämmung bei.

STIMME IN VORTRAG UND PRÄSENTATION

Der Inhalt, heißt es, macht nur 7 Prozent der Wirkung aus. Wenn ich Kollegen beim Präsentieren beobachte, habe ich den Eindruck, dass sie sich ausschließlich auf den Inhalt konzentrieren ...

In unzähligen Besprechungsräumen geschieht täglich dasselbe: Guten Willens treffen die Teilnehmer ein, denn sie wissen, dass das, was sie dort hören werden, wichtig für sie ist – für ihre beruflichen Aufgaben, für weitreichende Entscheidungen oder auch, um nicht von der Konkurrenz (intern oder extern) überholt zu werden. Doch schon nach dem ersten Satz wissen sie, dass sie nach fünf Minuten nicht mehr werden zuhören können.

Kennen Sie diesen Effekt? Schon nach dem ersten Satz wissen Sie, dass es wahnsinnig mühsam und noch eine geschlagene Stunde genau so weitergehen wird. Dass Sie trotz besten Willens nachher nur einen Bruchteil der Informationen werden mitnehmen können. Jetzt rasch in den schriftlichen Unterlagen geblättert, hoffentlich steht dort alles Nötige. Denn schon bevor es richtig losgeht, wissen Sie: Sie werden sich an die präsentierten Details nicht erinnern.

Offensichtlich verfehlen selbst die klügsten Sätze ihre Wirkung, wenn die Stimme, die sie sagt, monoton und langweilig klingt.

Ist denn nicht ohnehin jedem Menschen klar, wie stark die Stimme beim Präsentieren wirkt?

Es ist interessant zu beobachten, dass zwar die meisten Führungskräfte darauf hinweisen, dass „der Ton die Musik macht", dann aber bei ihren eigenen Präsentationen oft ausdruckslos Informationen, Argumente und PowerPoint-Folien aneinanderreihen. Subjektiv scheint man im Moment des Sprechens ausgefüllt zu sein vom Bemühen, das Richtige zu sagen. Vielleicht kennen Sie aus eigener Erfahrung den Stress, der durch die Suche nach der richtigen Formulierung entstehen kann.

Einem ähnlichen Trugschluss unterliegen aber auch die Zuhörer. Sprache verführt zum Verstehen wollen. Doch in dem Moment, in dem wir uns auf die Inhalte konzentrieren, steht weniger bewusste Aufmerksamkeit für Gestik, Mimik und Körpersprache zur Verfügung. Wir sind darauf trainiert, genau verstehen zu wollen, was gesagt wird. Was beim Zuhören meist als erstes bewusst wird, sind Worte. Oft hallen sie sogar wie ein Echo im Kopf nach.

Was aber entscheidet, ob wir die Botschaft gern oder ungern aufnehmen? Ob eine Information als glaubwürdig eingestuft wird? Ob wir dem Sprecher vertrauen? Wer zuhört, nimmt eine Unzahl verschiedenster Informationen auf, *bevor* er den Sprachinhalt versteht. Der Klang der Stimme entfaltet seine unbewusste Wirkung bereits in jenen langen zwei Zehntelsekunden, die das Gehirn benötigt, um im „internen Sprachlexikon" die Wortbedeutung zu erfragen.

Was macht eine gute Vortragsstimme aus?

Aus Ihrem Blickwinkel als Redner werden Sie es schätzen, wenn:
- ⋯⋗ die Stimme bis zum letzten Wort durchhält ohne an Kraft zu verlieren;
- ⋯⋗ auch nach längerem Einsatz und mehreren Präsentationen abends nie das Gefühl entsteht, keine Lust mehr auf Unterhaltungen zu haben, da die Stimme müde ist.

Ihre Zuhörer wünschen sich vor allem, dass:
- ⋯⋗ Ihre Stimme klar, verständlich und gut vernehmbar klingt und sich gegenüber allen Geräuschen im Raum oder in der Umgebung durchsetzt;
- ⋯⋗ Zuhören als unterhaltsam erlebt wird;
- ⋯⋗ sie bewegt werden;
- ⋯⋗ sie sich persönlich angesprochen fühlen.

! *Praxis-Tipps:*

Vor der Präsentation: Stimmen Sie Ihre Stimme! Damit Sie keinen „stimmlichen Kaltstart" hinlegen müssen, nutzen Sie die „verdeckte Einstimmung". Das erlaubt Ihnen, unbemerkt von Kollegen und Publikum eine Stimmübung vor Ihrem Auftritt durchzuführen. Nehmen Sie noch einmal kurz Ihre Unterlagen zur Hand, bevor Sie aufstehen. Überprüfen Sie pro forma, ob alles in Ordnung ist und nicken Sie zufrieden. Brummen Sie dabei ein oder zwei Mal ein bestätigendes „mmhh!". Nun haben Sie den angenehm warmen Eigenton Ihrer Stimme gehört und das wird Ihnen Sicherheit geben für den folgenden Einsatz. Als letzten Kick *aktivieren Sie Ihr Zwerchfell*, wenn Sie aufgestanden sind und Ihrer Redeposition zustreben: Niemand wird darauf achten, wenn Sie mehrmals kurz wie eine Hummel ein stimmhaftes „wwwh!" zwischen den Lippen vibrieren lassen. So vorbereitet, wird Sie Ihre Stimme beim ersten Wort nicht im Stich lassen!

Zu Beginn Ihrer Rede: Starten Sie mit einer Frage! Noch bevor Sie die Anwesenden begrüßen oder sich selbst vorstellen, kommen Sie gleich zur Sache und stellen eine Frage in den Raum. Beispielsweise so: „Wenn Sie morgen eine wichtige Rede zu halten haben und Sie sind sehr angespannt – was machen Sie, meine Damen und Herren, gegen Nervosität in Redesituationen?" Lassen Sie die Frage kurz wirken und schließen Sie dann an: „Guten Abend, meine Damen und Herren, meine Name ist xy, ich begrüße Sie zu meinem Vortrag zum Thema Redenervosität." Was beeinflusst dabei Ihre Stimme so positiv? Eine gleich zu Beginn gestellte Frage aktiviert Ihre Stimme und verwandelt Ihre Anspannung in Beziehungsenergie. Während Begrüßungsfloskeln am Beginn einer Rede Ihre Stimme eher unpersönlich klingen lassen, belebt und beseelt die gezielte Frage Ihren Redefluss. Sie wirken führungsstark und souverän.

Nach wichtigen Gedanken oder einer Frage: Machen Sie eine Sprechpause! Die Wirkung Ihrer Stimme entfaltet sich besonders eindringlich, wenn Sie Ihren Zuhörern genügend Zeit zum Verstehen, Verarbeiten, Bewerten und Entscheiden geben. Darüber hinaus hilft Ihnen jede Atempause, die aktuellen Bedürfnisse Ihrer Zuhörer neu zu erfassen. Als wertvoller Nebeneffekt findet Ihre Stimme nach einer Atempause wie von selbst wieder in eine angenehme Ausgangslage zurück. So wirken Sie insgesamt sicherer und konzentrierter.

Während der Rede: Sichern Sie Ihrer Stimme ein gutes Fundament! Von links nach rechts tigernde Redner lenken nicht nur vom Inhalt ab, sie leiten auch einen guten Teil ihrer Energie in sinnlose Bewegung. Nutzen Sie den alten Redner-Leitspruch: „Sprich im Stehen – und denke im Gehen! Aber sprich wieder im Stehen!" Stellen Sie sich gut geerdet frontal zum Publikum und genießen Sie die entstehende Erwartung. Zugegeben, es kostet anfangs ein wenig Überwindung, die Schultern loszulassen, sodass die Arme einfach der Schwerkraft folgen. Doch erst dadurch kann sich diese wunderbar authentische Gestik entwickeln, die alle großen Redner auszeichnet und ihrer Stimme eine angenehme Modulation und deutlich Ausdruck gibt.

Es ist also gut, beim Sprechen zu gestikulieren?

Viele Menschen empfinden beim Sprechen in der Öffentlichkeit eine gewisse Scheu zu gestikulieren. Durch falsch verstandene gesellschaftliche Konventionen schränken sie ihren gestischen Ausdruck stark ein. Das hemmt die Atmung und somit die Stimme. Auch das natürliche Verlangen, es recht bequem zu haben, schränkt die Gestik ein. Das ist verständlich, aber unproduktiv. Denn authentische Gestik hat zwei Vorteile: Sie beeinflusst die Stimme positiv und unterstützt das Verständnis, ja sogar das Gedächtnis der Zuhörer, wie neue Studien zeigen.

⟶ *Stimmenergie durch Gestik:* Genau genommen ist die Stimme der hörbare Ausdruck der Körpersprache. Stimmmodulation ist somit die unmittelbare Folge von Mimik und Gestik. Solange ein Sprecher unbewegt dasteht, die Schultern steif, die Hände vor dem Oberkörper festgehalten, die Mimik leblos, bleibt also auch die Stimme farb- und konturlos. Sprecher und Zuhörer scheinen wie durch ein magisches Band miteinander verbunden zu sein: Wenn vom Redner selbst wenig Energie kommt, müssen die Zuhörer das Manko ausgleichen und Bewegung investieren, indem sie sich zum Beispiel vorbeugen, damit sie etwas verstehen. Das aber tun Menschen in der Regel nur für kurze Zeit. Schnell wird es anstrengend und der Autopilot im Gehirn sagt: „Genug investiert! Es wird wohl nicht so wichtig sein, wenn die Botschaft nicht von selbst zu dir kommt." Erlauben Sie deshalb Ihren Händen, sich frei auszudrücken, sobald Sie sprechen, um andere zu bewegen, wenn Sie Impulse vermitteln oder Anstöße geben wollen.

⟶ *Gedächtnisunterstützung durch Gestik:* Dass ergänzende Gesten das mathematische Verständnis bei Kindern fördern, haben amerikanische Wissenschaftler jüngst in einer Studie nachgewiesen. Bei Tests schnitten diejenigen Kinder deutlich besser ab, die zu den Rechenanweisungen ergänzende Gesten beobachten durften. Das Gedächtnis speichert Erinnerungsinhalte „raum-örtlich" ab, also in Verbindung mit konkreten Orten im Raum, mit links und rechts, oben oder unten etc. Das Gedächtnis wird übrigens auch durch die eigenen Gesten unterstützt, etwa wenn Sie etwas hinterfragen oder verdeutlichen. Wie die österreichische Psychologin Martina Schmucker-Csokor erklärt, verstärken Gesten generell die Verstehensprozesse. Denn jede Bewegung transportiert Emotionen, die beim Zuhörer wieder Rück-Emotionen auslösen. So wird nicht nur die Verstandesleistung, sondern auch die Aufmerksamkeit des Gegenübers erhöht und gehalten.

Wenn die Gestik so wichtig für meine Stimme und sogar Service für das Gedächtnis der Zuhörer ist: Wie kann ich meine Gestik am besten aktivieren?

Die überraschende Wahrheit ist: Wahrscheinlich gestikulieren auch Sie in unbeobachteten Gesprächsmomenten viel mehr, als Ihnen bewusst ist. Einschränkungen erfährt die Gestik meist erst durch den beobachtenden Blick von außen. Das macht manchmal die ersten Sekunden oder Minuten einer Präsentation so besonders unangenehm. Was kann also helfen, das ohnehin vorhandene gestische Potential zielgerichtet im Moment des Vortrags verfügbar zu machen?

! *Praxis-Tipp: „Nasse Mähne ausschütteln"!*

Mit dieser kurzen Übung schaffen Sie eine perfekte Grundlage für authentische Gestik. Ihre Stimme wirkt gelöst, Sie artikulieren präziser. Als kleiner Bonus reduziert sich auch die Anspannung vor dem Auftritt:

··> Suchen Sie sich einen Platz, an dem Sie für eine halbe Minute ungestört und unbeobachtet sind.

··> Stellen Sie sich aufrecht hin und beugen Kopf und Nacken vor.

··> Legen Sie den erwachsenen Ernst kurz beiseite und lassen Sie Ihr „inneres Kind" an das Steuerruder.

··> Schütteln Sie nun mit Spaß und Lust Schultern und Wangen impulsiv aus, bis Ihre Wangen und Lippen spürbar locker hin und her flattern.

··> Unterstützen Sie den Effekt, indem Sie Ihre Stimme möglichst unkontrolliert klingen lassen: „wwwwh!" (Kiefer dabei loslassen!).

··> Jetzt ist Ihr erwachsenes Bewusstsein wieder gefragt: Spüren Sie nach, wie sich durch diese kurze Übung das Körpergefühl in Ihren Schultern und Ihrem Gesicht verändert hat. Ist auch die Anspannung gewichen?

Lockere Schultern, eine gelöste Mimik und ein gutes, sicheres Körpergefühl sind wesentliche Voraussetzungen für eine überzeugende, impulsive und authentische Gestik. Jede Bewegung wird dann beim Sprechen in Ihrer Stimme eine angenehme Modulation, wechselnde Klangfarben und ein bewegtes Timbre bewirken.

! *Praxis-Tipp „Zeigegesten":*

Setzen Sie beim Sprechen konkrete Akzente mit Gesten! Angenommen, Sie weisen bei einer Sitzung auf die wachsende Kluft zwischen dem diesjährigem und dem Vorjahres-Budget hin:

··> Legen Sie für sich genau fest, an welchem Ort, in welcher Richtung für Sie „dieses Jahr" und „im Vorjahr" liegen.

··> Zeigen Sie immer dann, wenn von dem einen oder dem anderen die Rede ist, deutlich und klar in die jeweilige Richtung. Visualisieren Sie somit das Gesagte für Ihre Zuhörer. Später wird in der Diskussion bereits die Geste genügen, um klarzumachen, ob es um das Vorjahr oder das aktuelle Jahr geht.

Neben der Serviceleistung für das Gedächtnis hat dieses Vorgehen noch weitere Vorteile für Ihre Stimme und Sprechweise: Sie sprechen akzentuierter, bewegter und deutlicher. Ihre Stimme moduliert angenehmer. Da jede Geste eine gewisse Zeit in Anspruch nimmt, sprechen Sie automatisch langsamer und machen öfter eine Pause während des Sprechens.

Wenn ich ein Mikrofon nutze: Was gibt es Besonderes zu beachten?

So hilfreich die Technik heute bei Präsentationen in großen Räumen oder vor großem Publikum ist, es lauern manche Gefahren auf den unachtsamen Redner.

1. Machen Sie einen Sound-Check. Versichern Sie sich, dass alles korrekt funktioniert. Sind die Batterien in Ihrem Funkmikrofon neu? Wann und wo genau wird es eingeschaltet?
2. Sorgen Sie für einen „Plan B". Selbst die beste Technik kann ausfallen. Zu wissen, dass im Ernstfall Ersatz bereitsteht, beruhigt ungemein. Nehmen Sie Ersatzbatterien mit. Wenn kein Tontechniker verfügbar ist, bitten Sie einen Partner oder Kollegen, das Reservemikrofon für Sie bereitzuhalten.
3. Tragen Sie „mikrofon-freundliche" Kleidung. Kleine Ansteckmikrofone werden an Sakkokragen, Knopfleiste oder Bluse angeklipst, den Funksender tragen Sie am Gürtel. Bedenken Sie das speziell als Frau bei der Auswahl Ihrer Garderobe. Seidenblusen verrutschen gern unter dem Gewicht der kleinen Mikrophone. Das dünne Kabel zum Funksender sollte rechtzeitig unbeobachtet unter Sakko oder Bluse versteckt werden.
4. Wissen, wo der „Aus"-Schalter ist. Die Anekdoten von „Live-Übertragungen" aus Waschräumen sind legendär. Ebenso wenig werden Sie wollen, dass vertrauliche Gespräche mit Ihrer Begleitung in den Saal übertragen werden.
5. Vermeiden Sie „Popp"-Geräusche. Sprechen Sie nie direkt frontal und zu nahe in Ihr Hand- oder Tischmikrofon. Ihr Atem verursacht dabei unangenehme Störlaute. Halten Sie das Mikrofon eine gute Handbreit von Ihrem Mund entfernt und sprechen Sie leicht darüber hinweg. So kann der Luftstoß bei Ihren „p's" und „t's" die empfindliche Membran des Mikrofons nicht direkt treffen. Sollte das ein ernsthafteres Problem sein, trainieren Sie sanftere „p's", indem Sie Ihre Hand vor Ihren Mund halten und sagen: „*P*aulchen *P*anther *p*atzt *p*inke *P*unkte auf *P*ackpapier." Nehmen Sie Ihre „p's" so weit zurück, bis Sie kaum mehr Luftstöße auf der Haut spüren.

STIMME IN DER BESPRECHUNG

Wenn in einer Besprechung mehrere Menschen an einem Tisch sitzen, komme ich sehr oft gar nicht erst zu Wort. Warum dringe ich stimmlich nicht durch?

Situationen wie diese sind kein Einzelfall: Eine Besprechung findet statt, das ganze Team sitzt am ovalen Tisch, es entsteht eine Diskussion – möglicherweise angeregt und intensiv, eventuell aber auch zeitraubend und nicht zielführend. Sie wollen endlich auch Ihre Sichtweise einbringen, doch trotz mehrerer Ansätze werden Sie nicht wahrgenommen.

Worauf ist das zurückzuführen? Wie ein Torwächter sorgt die unbewusste autonome Selbststeuerung der Teilnehmer dafür, dass nur eindeutige Führungssignale den Zugang zur Aufmerksamkeit finden. Wenn sich in einer Diskussion Meinungen aufschaukeln, braucht es entsprechend starke Akzente, damit sich alle Köpfe in Ihre Richtung drehen. Solange Sie nur zaghaft ein Wort sagen, dann aber sofort wieder aufhören, weil Sie merken, dass Sie nicht gehört werden, reicht das nicht aus. Erst wenn Ihre Stimme eindeutige Führungssignale sendet, machen Sie eindrucksvoll auf Ihren Wunsch zu sprechen aufmerksam.

Was sind das für Führungssignale und wie verschaffe ich mir damit Gehör?

Im Zwiegespräch kann bereits die Andeutung einer Bewegung ein solches Führungssignal darstellen und Ihren Gesprächspartner innehalten lassen. In einer großen Diskussionsrunde braucht es einen speziellen Stimmklang und griffige Worte, um einen Wechsel der Gesprächsführung einzuleiten.

Angesprochen sind (wieder) die so genannten Leittöne, die Sprecherformanten im Klangspektrum von 2.000 bis 4.000 Hertz, die das menschliche Gehör besonders aufhorchen lassen und in der Regel aktiviert werden, wenn jemand etwas von uns will. Leittöne vermittelt Ihre Stimme besonders dann, wenn Sie:

- körpersprachlich einen guten Standpunkt einnehmen;
- jemanden im Raum konkret ansprechen, also eine klare Beziehung und persönlichen Kontakt aufnehmen;
- beim Sprechen schon neugierig auf die Resonanz sind und dadurch in den Raum hineinhorchen („Echobewusstsein").

Zum besseren Verständnis hilft der Vergleich mit einem Flugzeug. Es braucht einen Leitstrahl, um sicher zu landen. Auch Ihre Zuhörer brauchen solch einen „akustischen Leitstrahl", der ihnen fortwährend signalisiert, wo es langgeht. Er sorgt dafür, dass sich die Köpfe in Ihre Richtung drehen, wenn Sie sprechen und Sie somit erste Zuwendung erfahren. Das Gehör als Empfänger des akustischen Leitstrahls hilft dabei zusätzlich, diesen Effekt zu verstärken.

Wie schaffe ich es in einer Besprechung alle Teilnehmer zum Zuhören zu motivieren?

Der Schlüssel zum Erfolg liegt darin, raumfüllend zu sprechen. Solange Sie einem Menschen bewusst ins Gesicht blicken, wird Ihre Stimme folgen und diesen Menschen (und nur diesen) gezielt ansprechen. Der Effekt: Alle anderen hören zwar auch, was Sie sagen, fühlen sich davon aber weniger angesprochen. Um alle Anwesenden mit einzubeziehen, nutzen Sie als Alternative den „3D-Effekt" der Stimme. Wie gelingt Ihnen das? Bevor Sie anfangen zu sprechen:

- *Schalten Sie den „Weitwinkel-Blick" ein.* Egal, wohin Sie gerade blicken, lassen Sie Ihren Blick dort ruhen und nehmen Sie wahr, was Sie alles im Augenwinkel erkennen können. Rasch werden Sie den ganzen Raum überblicken und auch alle Anwesenden mit einem Blick erfassen. Behalten Sie den „Weitwinkel-Blick" bei, wenn Sie nun sprechen. Ihre Stimme wird sich dadurch hörbar verändern. Sie sprechen nun raumfüllend.
- *Ändern Sie Ihre Sitzhaltung.* Um in einer lauten Diskussion zu Wort zu kommen, rücken Sie Ihren Stuhl so zurecht, dass Sie die ganze Gesprächsrunde im Blick erfassen. Richten Sie sich nun auf („Kutscherhaltung", wie im Kap. 4, Frage 9 beschrieben) und prüfen Sie kurz: Können Sie Ihre Sitznachbarn links und rechts im Augenwinkel erkennen? Erst wenn das gewährleistet ist, beginnen Sie zu sprechen. Sie werden überrascht sein, wie sehr Ihre Stimme nun im Raum klingt.

Sobald ich in einer Besprechung dann das Wort habe, richtet sich meine ganze Konzentration auf den Inhalt. Wie schaffe ich es, gleichzeitig besser auf meine Stimme achtzugeben?

Eine heikle Frage, zu der ich erst einmal eine schlechte Nachricht habe: Um während des Sprechens bewusst und aktiv die eigene Stimme und Sprechweise zu steuern, brauchen Sie normalerweise ein mehrjähriges, intensives und professionelles Training. Schließlich üben Sie dabei eine gänzlich neue Koordination von Körperhaltung, Atmung, Stimme, Modulation, Artikulation, Wahrnehmung usw. ein. Wenn Sie Schauspieler oder Studiosprecher bei der Arbeit beobachten, hören Sie das angenehme Resultat solcher Knochenarbeit. Wenn es „echt" und mühelos klingt, sind die neuen Verhaltensweisen bereits zu einem authentischen persönlichen Ausdruck geformt.

Aber keine Sorge, es gibt auch eine gute Nachricht: Solange Sie nicht auf der Theaterbühne oder im Hörspielstudio brillieren wollen, sondern Wert darauf legen, beim Sprechen in der Gruppe einen möglichst guten Eindruck zu hinterlassen, gibt es für Sie einen zeitsparenden Weg, der ebenfalls effektiv ist:

Praxis-Tipp: Aktive Pause und Beziehungswort-Technik

Mit dem folgenden trickreichen Redewerkzeug kombinieren Sie die überzeugendsten Wirkmittel Ihrer Sprache mit klarer Stimme und authentischer Körpersprache – einfach anzuwenden und (fast) ohne zu üben. Probieren Sie es aus!

1. Schritt: Aktive Pause mit „Sense Focusing". Mit Hilfe dieser vielfach erprobten Methode gelingt es Ihnen, sowohl Ihre körperliche Ausstrahlung also auch Ihr stimmliches Volumen zu steigern:

···⟩ Nutzen Sie die Sekunden vor dem jeweils ersten Wort.
···⟩ Halten Sie kurz inne und spüren Sie für einen Moment bewusst den Boden unter Ihren Füßen oder Ihre Sitzfläche. Alternativ können Sie auch in den Raum hineinlauschen und Ihre Aufmerksamkeit auf die Hintergrundgeräusche richten.
···⟩ Wo spüren Sie Belastung oder Bewegung besonders gut? Was alles können Sie an Geräuschen erkennen?
···⟩ Als Ergebnis werden Sie spüren, wie Ihre Schultern etwas loslassen und Ihr Blick und Ihre Mimik ruhig werden.
···⟩ Körpersprachlich wirken Sie in diesem Moment konzentriert, gelöst, sicher und anziehend. Stimmlich klingen die nachfolgenden Worte voller, tiefer und kompetent. Sie haben insgesamt Ihre Ausstrahlung und Ihre Präsenz gesteigert.

2. Schritt: Beziehungswort-Technik. Hätten Sie vermutet, dass Ihre Stimme auch von den gewählten Worten beeinflusst werden kann? Ihre sprachliche Ausdrucksweise ist tatsächlich ein Mosaikstein der Stimmentfaltung. Der Grund dafür ist einfach erklärt: Sprache drückt immer auch die Art der Beziehung zu seinen Gesprächspartnern und die eigene Rolle dabei aus.

Möglicherweise ist Ihnen schon einmal aufgefallen, wie sich Menschen just in dem Moment in gestresste Verstandeswesen verwandeln, in dem sie vor Publikum sprechen sollen. Gerade noch plaudernd, wort- und beziehungsstark im vertrauten Kreis sprechen sie nun nur noch über Zahlen, Daten, Fakten und Argumente, sobald die Präsentation startet. Als bestünden die Zuhörer einzig aus dem Gehirn mit Beinen daran. Nichts von dem, was uns innerlich bewegen könnte, ist noch vorhanden.

Müssen Sie viel Neues lernen, um Ihre Zuhörer mit beziehungsorientierter Sprache zu bewegen? Wie wäre es für Sie, wenn ich Ihnen sage, dass es genügt, einzig und allein jene Worte an den Anfang Ihrer Sätze zu stellen, die auch im Alltag viele Ihrer Gespräche so spannend machen? Die Beziehungswort-Technik lässt sich für unterschiedliche Zwecke einsetzen:

- ⤳ Um im Gedächtnis der Zuhörer Wichtiges anzusprechen: *„Erinnern Sie sich ...“* (Beispiel: „Erinnern Sie sich noch an Ihre letzte Präsentation?").
- ⤳ Um Problembewusstsein zu schaffen, stellen Sie eine Frage, etwa mit einem *„Wie ...“* oder *„Was ...“* oder einem *„Wo ...“* (Beispiel: „Was an Ihrer Stimme und Sprechweise schien Ihnen dabei verbesserungswürdig?").
- ⤳ Um die geistige Mitarbeit Ihrer Zuhörer zu steigern oder um den Blick für die Zukunft zu öffnen, beginnen Sie mit *„Wenn ...“* (Beispiel: „Wenn Sie nun an Ihre nächste Präsentation denken, nachdem Sie dieses Buch gelesen haben, ...).
- ⤳ Eine Frage nach der Umsetzung ist immer passend (Beispiel: Was werden Sie dabei konkret anders machen?).
- ⤳ Und um zum Nachdenken zu animieren, nutzen Sie die Zauberformel: *„Vielleicht ...“* oder *„Möglicherweise ...“* (Beispiel: Möglicherweise werden auch Sie bemerken, wie rasch Sie die vielen Tipps erfolgreich in die Praxis umsetzen können!").

Wenn Sie genau hinschauen, stellen Sie sicher fest, dass Sie genau diese Sprachmuster bereits in Ihrer Alltagssprache, ob beruflich oder privat, verwenden. Achten Sie auch in Ihrer Umgebung einmal darauf, wie oft diese Muster in Gespräche einfließen. Der einzige Unterschied, den Sie nun machen: Sie setzen die Sprache gezielt ein, um *bewusst* Beziehungen zu gestalten. So bringen Sie ganz schnell mehr Lebendigkeit in das, was Sie vor der Gruppe sagen möchten.

Wichtig: Warten Sie nach den „Beziehungsworten" immer wieder kurz ab, bis „der Groschen fällt". Halten Sie also nach einem Fragewort kurz inne. Senden Sie das erste Wort so in den Raum hinein, als würden Sie ein Echo erwarten. „Wussten Sie [Pause] übrigens, dass ..." oder: „Wenn Sie [Pause] morgen früh ..."

Danach aber lassen Sie Ihrer Rede freien Lauf – bis zur nächsten kurzen Atempause. Dann wiederholen Sie einfach, was Sie eben so erfolgreich umgesetzt haben! Durch diese Technik erreichen Sie nicht nur mehr Aufmerksamkeit, sondern einen hörbar kraftvolleren Klang Ihrer Stimme!

 Kann ich mit dieser Technik auch bei Vielrednern zu Wort kommen?

Manchmal ist es so, dass Sie schon längst etwas sagen wollten, aber der Redeschwall vom anderen Ende des Tisches kein Ende nehmen will. Wenn es Ihnen wichtig ist, auch Ihre Sichtweise klarzustellen, nutzen Sie eines der gerade beschriebenen Beziehungsworte, um das Ruder zu übernehmen:

⇢ Hören Sie aufmerksam zu. Nehmen Sie flink einen eben gehörten Gedanken auf und knüpfen Sie daran an: „Wenn Sie gerade sagen ...“

⇢ Manchmal wird der Redeschwall nicht gleich versiegen. Lassen Sie sich trotzdem nicht davon abhalten, Ihre Meinung ebenfalls kundzutun. Drehen Sie einfach eine „Ehrenrunde“ und setzen Sie gleich noch einmal mit denselben Worten nach. Lassen Sie eventuell das erste Wort anklingen ohne direkt weiterzusprechen. Machen Sie eine kurze Pause und führen Sie dann erst fort: „Wenn ...“, [Pause] „Wenn ... Sie gerade sagen ...“

Achten Sie dabei darauf, dass Ihre innere Haltung wertschätzend bleibt, auch wenn Sie in der Sache anderer Meinung sind. Das wird den Klang Ihrer Stimme sehr stark beeinflussen. Nichts führt in Sitzungen schneller zu unproduktiven Kampfdiskussionen als Entgegnungen in abwertendem Tonfall.

Aber ich kann doch die anderen nicht einfach so unterbrechen!

Möglicherweise wird Ihre Wortmeldung nur deshalb als unvermittelt oder sogar als Unterbrechung wahrgenommen, weil Ihre Stimme längere Zeit nicht zu hören war. Ihre sichtbare Anwesenheit allein genügt nicht immer, um Ihre innere Beteiligung am Gespräch zu signalisieren.

Ist Ihnen schon einmal aufgefallen, dass wir dazu erzogen wurden, beim Zuhören zu schweigen, sobald wir uns in einer Gruppe befinden? Demgegenüber ist es im Gespräch oder am Telefon ganz anders. Dort wird eine Erzählung nicht nur oftmals mit „mmhhh“ unbewusst begleitet, es stellt sogar ein wertvolles Beziehungssignal dar, das zeigt, dass der andere zuhört und folgen kann.

Um Ihre Wortmeldung vorzubereiten, nutzen Sie dieses „aktive Zuhören“. Quittieren Sie ab und zu eine Aussage mit einem interessierten oder auch nachdenklichen „mmhhh!“. Probieren Sie es bei der nächsten Gelegenheit einfach einmal aus! Meist werden Sie – ganz unwillkürlich – einen kurzen Blick erhalten. Die Tür der Aufmerksamkeit hat sich einen kurzen Augenblick lang für Sie geöffnet. Es ist Ihnen gelungen, für einen Moment eine Beziehung aufzubauen. Wenn Sie anschließend selbst sprechen wollen, ist diese Technik besonders wirkungsvoll, denn Sie haben sich ja bereits aktiv ins Spiel eingebracht. Ihre Stimme hat als geheimer Verführer Ihre Gesprächspartner in angenehmer Weise auf Sie eingestimmt.

Gleichzeitig haben Sie ganz ohne zusätzlichen Zeitaufwand die sicherlich einfachste Stimmübung absolviert, die es gibt: Summen. Denn jedes einzelne bewusst gebrummte „mmhhh!“ bildet Ihre Stimme. Und jedes Mal erhalten Sie wieder die Chance zu erleben, welche geballte Wohlfühlkraft in einem einzigen Ton Ihrer Stimme liegen kann.

6. Sekunden-Übungen für mehr Stimmfitness

„Es gibt nichts Gutes, außer man tut es."
– Volksmund

„Meine Tage sind bis zur letzten Sekunde ausgefüllt. Ich habe einfach keine Zeit zum Üben!" Kann es sein, dass Ihnen dieser Satz bekannt vorkommt? Wenn das so ist, werden Ihnen die nachfolgenden Übungen besonders zusagen. Das Besondere daran: Sie benötigen dafür genaugenommen gar keine Zeit extra. Diese Sekunden-Übungen sind so konzipiert, dass sie nichts von der wertvollen Tageszeit wegnehmen. Das Rezept: Stimm-Fitness, ganz einfach nebenbei!

Was genau bedeutet „Stimm-Fitness"?

Ist Sprechen für Sie ein maßgeblicher Teil Ihres Alltags oder Berufs? Dann gilt für Ihre Stimme, was auch von der allgemeinen körperlichen Verfassung verlangt wird: im Verhältnis zu den Anforderungen leistungsfähig zu sein, punktuellen Belastungen standzuhalten und eine gewisse Ausdauer zu erbringen.

Stimmlich fit sein heißt also:
- in den für Sie wichtigen Momenten das Werkzeug Stimme jederzeit wirkungsvoll einsetzen zu können;
- ohne Anstrengung auch einmal länger laut sprechen zu können;
- selbst nach längerem Einsatz noch bei Stimme zu sein und auch nach einem Tag voller Telefonate oder Besprechungen abends fit für Unterhaltungen zu sein.

Im Sport ist das gezielte Aufwärmen ganz selbstverständlich. Das gilt nicht nur für den Profisport. Auch für die Hobby-Fußballmannschaft, die sich sonntags bloß zum Spaß trifft, wäre das Vergnügen ohne Aufwärmen nur von kurzer Dauer. Und wenn Sie joggen wollen, werden Sie sicher nicht mit einem Sprint starten, sondern sich zunächst etwas langsamer warmlaufen, nicht wahr?

Für die meisten Berufstätigen ist heute die Stimme ein selbstverständliches Arbeitsinstrument. Was aber vielen immer noch fehlt, ist ein professionelles Bewusstsein dafür. Ist es anders zu erklären, dass 76 Prozent der deutschen Lehrer gelegentlich bis ständig unter stimmlichen Problemen leiden? Immer wieder heiser zu sein, stellte dabei für 60 Prozent das am häufigsten genannte Symptom dar. Nur 24 Prozent gaben an, nie in ihrem Leben stimmliche Probleme gehabt zu haben. Wie auch in anderen Studien waren hier die befragten Frauen stärker betroffen als die Männer. Leistungs- und Ausdauersport ohne Vorbereitung? Erst wenn in den verschiedenen Ausbildungen für Sprechberufe das Stimmtraining ähnlich ernst genommen wird wie Rechtschreibung oder Buchhaltung, wird sich dieser Zustand ändern.

Was genau wird bei Stimm-Fitness-Übungen trainiert?

Muskeln, die über längere Zeit nicht bewegt werden, ziehen sich zusammen und verkürzen sich. Das ist übrigens der Grund, weshalb sich die meisten Menschen in der Früh zuerst einmal in alle Richtungen strecken und räkeln. Für die Muskeln, die an der Stimmgebung beteiligt sind, gilt dasselbe. Auch sie brauchen nach längerer Pause Aktivierung, um energievoll einsatzfähig zu sein und Ihrer Stimme zum entsprechenden Klang zu verhelfen. Machen Sie sich bewusst, dass über hundert Muskeln beteiligt sind, um Ihre Stimme hörbar und das, was Sie sagen, verständlich werden zu lassen!

Wie sollte ich am besten vorgehen, um die Stimme zu aktivieren?

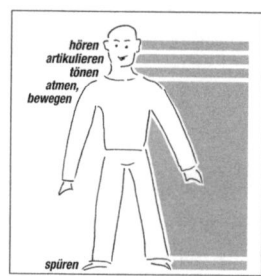

Bevor Sie überlegen, wo und wann Sie solche kurzen Übungen mühelos in Ihren Alltag integrieren können, verschaffen Sie sich einen Überblick über jene Regionen im Körper, deren Muskeln relevant für Ihre Stimm-Fitness sind.

Drei Zonen gilt es aufzuwecken und in ein angenehmes Gleichgewicht der Bewegung zu bringen. Von unten nach oben sind das:

··→ die Atmung und mit ihr alle Muskeln, die der Aufrichtung, der Fortbewegung und der Gestik dienen;

··→ der Kehlkopf und die Stimmmuskulatur;

··→ die „Artikulationszone", also Mund und Rachen, sowie alle Mimikmuskeln des Gesichts.

Wie kann ich die drei Zonen beim Aufwärmen gezielt ansprechen?

Kraft und Energie für Atmung und Zwerchfell: Beginnen Sie am besten mit sanften Bewegungen. Schütteln Sie alle Spannungen ab und mobilisieren Sie vorsichtig Schultern, Brustkorb und Wirbelsäule:

··→ Erhöhen Sie Ihr Atemvolumen, indem Sie Ihre Schultern langsam in beide Richtungen kreisen lassen und dabei spüren, wie sich Ihr Oberkörper weitet.

··→ Strecken Sie langsam Ihre aufgestellten Handflächen seitwärts von sich weg, als wollten Sie zwei schwere Paravents auseinander schieben. Das aktiviert die Muskeln in Brustkorb und Wirbelsäule und öffnet die Atmung.

⋯⟩ Stellen Sie sich eine Geburtstagstorte mit vielen Kerzen vor. Pusten Sie nun die vielen kleinen Flammen mit einem kräftigen „ffff!" aus.

⋯⟩ Eine langsam in Schwung kommende Dampflokomotive zu imitieren, motiviert Ihr Zwerchfell zu Höchstleistungen: „Sch! Sch! Sch! Sch!" Schleudern Sie dabei aktiv Ihre Hände und Finger von sich weg, das setzt zusätzlich Ihren gestischen Aktionsradius in kürzester Zeit frei.

⋯⟩ Erinnern Sie sich an die guten alten Hula-Hoop-Reifen? Lassen Sie für 30 Sekunden einen Reifen elegant um Ihre Hüften schwingen, das mobilisiert die Atemstützmuskulatur.

⋯⟩ Lachen bringt den gesamten Kreislauf auf Touren – und versüßt sicher auch Ihren Alltag …

Sobald Sie das Gefühl haben, Sie und Ihre Muskeln sind wach, wenden Sie sich dem empfindlichen Kehlkopf zu.

Geschmeidigkeit für die Tongebung: In dieser Zone stehen die feinen Stimmmuskeln im Hals im Vordergrund, die so präzise die unterschiedlichsten Tonhöhen einstellen können. Hier kommt es vor allem darauf an, Spannungen zu lösen, ein angenehmes Gefühl von Weite zu erleben und die Stimme langsam „warmzubrummen".

⋯⟩ „Gähnräkeln": Räkeln und dehnen Sie sich wie eine Katze, gähnen Sie dabei genussvoll und spüren Sie, wie Gaumen, Zungengrund und Rachen weit werden. Das vergrößert hörbar Ihr Stimmvolumen.

⋯⟩ Was könnte noch unaufwendiger sein als Summen? Einfach die Lippen leicht schließen und genussvoll das leichte Vibrieren spüren. Das löst Spannungen im Kehlkopf und lässt Sie Ihren Wohlfühlton hören. Wenn Sie dabei auch noch an Ihre Lieblingsspeise oder Ihren Traumurlaub denken, verdoppeln Sie die Wirkung.

Lockerheit für die Artikulation: Hätten Sie gewusst, dass die Muskeln im Mund zu den schnellsten Bewegungen im ganzen Körpers fähig sind? Aus ihrem präzisen Zusammenspiel entsteht verständliche Sprache. Und dazu braucht es Geläufigkeit und Lockerheit:

⋯⟩ Schneiden Sie große und kleine Grimassen: Ziehen Sie zuerst ein ganz schmales Schnäuzchen, spitzen Sie die Lippen, legen Sie die Stirn in Falten und lassen Sie ein langgezogenes *„üüüü"* hören. Danach ziehen Sie Ihr Gesicht genüsslich in die Breite, als wollten Sie Kermit, den Frosch, imitieren. Welcher Laut entsteht nun bei Ihnen? Ist es auch ein breites *„eeee"*?

⋯⟩ Lassen Sie nun Ihre Lippen flattern wie ein schnaubendes Pferd. Schütteln Sie auch mal Ihre Wangen aus. Prusten Sie nach Herzenslust. Eine besonders wirkungsvolle Variante dieser Übung nenne ich „Baby isst Spinat!" Können Sie es sich vorstellen? Es genügt, die Zunge zwischen die Lippen zu nehmen und los geht's!

⋯⟩ Blubbernde Motorjacht: Die Konsonantenfolge „b" und „d" aktiviert den Lippen- und Zungenspitzenbereich und das nachfolgende „u" lässt den Unterkiefer locker sinken. Lassen Sie Ihre Wangen locker, als wären Sie betrunken und lassen Sie es klingen wie platzende Blasen: „bdub, bdub, bdub …".

⋯⋗ Zungenkreisen: Diese Übung aktiviert besonders wirkungsvoll Ihren zentralen Artikulationsmuskel, Ihre Zunge: Trachten Sie danach, mit Ihrer Zungenspitze Ihren Mund bis in alle Winkel zu erforschen.

Wie aktiviere ich meine Stimme ohne großen Aufwand am Morgen?

Die folgenden Mini-Übungen bauen Sie am besten in Ihren morgendlichen Ablauf mit ein. So sparen Sie Zeit und nutzen den Startvorteil einer aufgeweckten Stimme! Hier können Sie ruhig spielen, Sie sind ja in den eigenen vier Wänden.

Beispiel:

⋯⋗ Unter der Dusche zu summen (noch nicht singen!) oder auf einem langgezogenen „m" wiederzukäuen, tut den Stimmlippen gut.

⋯⋗ Zungenkreisen und Lippenflattern während des Abtrocknens machen fit für eine verständliche Artikulation.

⋯⋗ Beim Zähneputzen den Schaum oder das Wasser mit Nachdruck auszuspucken, aktiviert Ihr Zwerchfell.

Ein schöner Nebeneffekt: Die Integration in den gewohnten Ablauf schafft Situationsanker. Nach einiger Zeit werden Sie nicht mehr bewusst daran denken müssen, sondern die verschiedenen Tätigkeiten im Morgenritual lösen bereits den Impuls aus, die entsprechende Stimmaktivierungsübung durchzuführen.

Wenn das Telefon klingelt: Wie kann ich meine Stimme besonders schnell aktivieren?

Unterbricht auch Sie das Telefon meist mitten in der Arbeit, einem Gedanken oder sogar einem Gespräch? Wenn Sie nun routiniert und rasch den Hörer abheben oder das Handy zum Ohr nehmen, schwingt in Ihrer Stimme deshalb oft noch die Stimmung des Moments mit. Ist Ihnen das vielleicht schon einmal aufgefallen? Hier helfen die Übungen gleichzeitig auch, die Konzentration und die Gedanken zu sammeln, damit Sie am Telefon voll präsent sind.

Wenn Sie Ihren Gesprächspartner stimmlich aktiv und offen empfangen wollen, achten Sie auf folgende Regeln:

⋯⋗ Setzen Sie ein mentales Stopp-Zeichen für die gerade präsente Arbeit, aktuelle Überlegungen oder Gespräche.

⋯⋗ Stellen Sie sich bewusst auf das Telefonat ein und seien Sie neugierig: Wer ruft Sie gerade an? Was wird das Telefonat Gutes bringen?

⋯⋗ Gehen Sie innerlich wie äußerlich in Ihren *Standpunkt*: Mit der inneren Haltung ändert sich auch die Körperhaltung im Sitzen oder Stehen. Richten Sie sich auf und erden Sie sich mit beiden Füßen am Boden.

⋯⋗ Aktivieren Sie Ihren Eigenton: Nicken Sie sich selbst oder dem Telefon mit einem aktiven „mmmhh!" zu. Der begleitende Gedanke dazu könnte sein: „Mmmhh, ja, ich werde dieses Gespräch jetzt annehmen."

⋯⋗ Lassen Sie sich bis zum zweiten Klingeln Zeit, bevor Sie abheben. Nun sind Sie innerlich und stimmlich bereit für Ihren Gesprächspartner.

⋯⟩ Horchen Sie nun aktiv und aufmerksam auf die Stimme, die zu Ihnen spricht und stimmen Sie sich darauf ein.

Wussten Sie, dass auch Ihr Anrufer bis zu 15 Sekunden (!) benötigt, um im Gespräch anzukommen? Haben Sie also keine Scheu davor, das zweite Läuten abzuwarten und lassen Sie sich Zeit für die Begrüßung. Sprechen Sie den Firmennamen deutlich und gut verständlich aus und setzten Sie gedanklich einen Doppelpunkt, bevor Sie Ihren Namen sagen. So lassen Sie Ihren Anrufer mit angenehmer Stimme wissen, wo er gelandet ist und mit wem er spricht.

7. Stimm-Tipps für den Notfall

„Sich vorzubereiten, hat seinen Preis. Es nicht zu tun, auch."
– Josef W. Seifert

Selbst Thomas Gottschalk kennt solche Momente: Die Zuschauer hüsteln aufgeregt, gleich wird die Aufzeichnung der Sendung beginnen. Gleißendes Scheinwerferlicht, alle Kameras sind auf den Moderator gerichtet. Die Stimme des Regisseurs aus dem Hintergrund zählt den Countdown ein. Plötzlich ist er da, dieser Frosch im Hals! Jetzt ist mentale Stärke gefragt. Und das Wissen um die richtigen Werkzeuge, die helfen, innerhalb der nächsten fünf Sekunden wieder stimmlich fit zu sein.

Was mache ich gegen den berühmten „Frosch im Hals"?

Wenn es im Hals eng wird, verleitet das meist dazu, sich zu räuspern. Dummerweise verstärkt Räuspern den Effekt, den es eigentlich beheben will. Denn Sie pressen dabei Ihre Stimmlippen fest zusammen und drücken zusätzlich den Grund der Zunge gegen den hochgehobenen Kehlkopf. Kurz: Sie verspannen all Ihre Stimmmuskeln.

Praxis-Tipps:

- Husten Sie kurz ab statt sich zu räuspern! So löst sich leicht und rasch der Schleim und Ihre Stimme wird dabei nicht belastet.
- Ebenfalls wirksam ist es, wenn Sie während mehrmaligen langsamen Einatmens durch den Mund die sich ausbreitende Kühle in Hals und Rachen wahrnehmen. Spüren Sie nun, wie die Muskeln in Ihrem Kehlkopf angenehm loslassen und ein Gefühl der Weite entsteht.
- Viele Profisprecher schwören auf wohltuende Präparate, die den Speichelfluss anregen. Während Sie die *Emser Pastillen*© am besten in der Pause lutschen, können Sie *Isla-Moos*© auch während des Sprechens im Mund behalten. Aufgrund ihrer besonderen Form haften sie am Gaumen an und stören kaum beim Sprechen.
- Wenn Sie einen Schluck Wasser trinken, spüren Sie sofort Erleichterung. Sorgen Sie also dafür, dass Sie immer ein Glas Wasser griffbereit haben.

Wussten Sie, weshalb dieser Schluck Wasser so gut tut? Sicher ist Ihnen bekannt, dass sich beim Schlucken der Kehldeckel über den Kehlkopf legt und so verhindert, dass Getränke oder Speisen in die Luftröhre geraten und Sie sich verschlucken. Da aber der

Kehldeckel dabei nicht hundertprozentig „abdichtet", gerät immer auch ein Tröpfchen in den Kehlkopf und hilft, die empfindlichen Stimmlippen feucht zu halten.

Achtung: Wenn Sie nun gerade einen Schluck Wasser nahmen, tut das wohl und hilft der Stimme. Waren es aber Pfeffer, Eukalyptus oder die Gerb- und Bitterstoffe von Kaffee oder Tee reagiert die empfindliche Schleimhaut in Ihrem Kehlkopf sofort und zieht sich reflexartig zusammen. Das Resultat: Oft bleibt für einen Moment die Stimme weg, oder sie wird enger und verliert an Klangfülle.

Wenn ich einen Tag im Büro verbringe, trocknet meine Stimme regelrecht aus. Besonders im Winter habe ich das Gefühl, die geheizte Luft schadet meiner Stimme.

Dass für etwa 80 Prozent der Arbeitnehmer in entwickelten Ländern Sprechen ein wesentlicher Bestandteil des Arbeitsalltags ist, scheint noch keine Resonanz bei Gebäude- und Büroplanern gefunden haben. Die Studie eines großen Mineralwasserkonzerns enthüllte, dass von 500 untersuchten britischen Arbeitsplätzen einer von fünf so trocken ist wie die Sahara (mit 25 Prozent relativer Luftfeuchtigkeit) und einer von zehn so trocken ist wie das kalifornische Death Valley (mit nur 23 Prozent relativer Luftfeuchtigkeit). Kein Wunder, wenn unter solchen Bedingungen oft die Stimme wegbleibt. Halsweh und Krankenstand sind beliebte Folgen in der Heizperiode. Die trockene Luft macht anfälliger für über 200 Viren, die dann im geschwächten Hals leichtes Spiel haben.

Wer viel spricht, telefoniert, präsentiert oder referiert, sollte über solides Basiswissen verfügen, um mit klarer Stimme über den Winter zu kommen.

Wie kann ich meine Stimmgesundheit selbst beeinflussen?

Die erste Regel betrifft das Element Wasser. Krankenstände wegen Stimmverlust, Heiserkeit und Husten gehen um ein Drittel zurück, wenn rechtzeitig die richtigen Maßnahmen ergriffen werden, wie eine norwegische Studie zeigt. Dort hatte allein die Erhöhung der Luftfeuchtigkeit durch Grünpflanzen zu dramatischen Ergebnissen geführt. Innerhalb eines halben Jahres sanken die Krankenstände rapide. Gut fünf Jahre hatte sich der Krankenstand auf niedrigem Niveau stabilisiert. Beschwerden wie Ermüdung gingen um 32 Prozent zurück, Kopfschmerz-Probleme verringerten sich um 25 Prozent. Stimmverlust, Heiserkeit und Hustenreiz nahmen ebenfalls um ein ganzes Drittel ab.

Das Nonplusultra für die Stimmgesundheit ist die Versorgung mit ausreichend Flüssigkeit. Wussten Sie, dass im Gegensatz zum Hungergefühl der Durst sich erst dann meldet, wenn lebenswichtige Organe unterversorgt sind? Sorgen Sie dafür, dass Sie genügend Flüssigkeit zu sich nehmen und schieben Sie nicht die Ausrede vor, das Trinken im hektischen Alltag oft ganz einfach zu vergessen:

···⟩ Stellen Sie am besten einen Wasserkrug samt Trinkglas in Reich- und Sichtweite.

···⟩ Denken Sie an die Faustregel, auch wenn es im ersten Moment vielleicht merkwürdig klingen mag: Erst wenn Sie tagsüber ab und zu zur Toilette gehen müssen, trinken Sie genug.

*Wenn alle Bemühungen versagen und durch Erkältung oder Überanstrengung
die Stimme wegbleibt – was tun gegen Heiserkeit?*

Die wichtigste Regel zuerst: Wenn Sie heiser sind, halten Sie Stimmruhe! Durch
Überbelastung haben sich Ihre Stimmmuskeln verkrampft und können nun nicht
mehr frei schwingen. Wenn Sie trotz Heiserkeit versuchen weiterzusprechen, leidet
Ihre Stimme immer mehr.

- ⋯⟩ Flüstern belastet die Stimme am meisten! Verständigen Sie sich vorübergehend
  durch Gesten oder kurze Notizen. Wenn unbedingt nötig, sprechen Sie „normal",
  auch wenn dabei phasenweise nur „heiße Luft" ertönt.
- ⋯⟩ Stimmärzte warnen: Kein ASS (Aspirin© etc.) bei akuter Kehlkopfentzündung!
  Durch den Blutverdünnungseffekt ist die Gefahr einer Stimmlippen-Schleim-
  hautblutung gegeben, speziell wenn Sie die Stimme trotz Entzündung belasten.
- ⋯⟩ Wenn Sie längere Zeit heiser sind, vertrauen Sie sich unbedingt einem Stimmarzt
  oder Phoniater an.

Ich bin abends immer wieder stimmmüde und angestrengt. Gibt es ein Mittel dagegen?

Nur wenige Menschen wissen, dass die menschlichen Stimmorgane nur für drei Stunden tägliche Sprechbelastung ausgelegt sind. Die untrainierte Stimme länger unter
schwierigen Bedingungen zu nutzen, führt leicht zur Überlastung.

- ⋯⟩ Überprüfen Sie unnötige Geräuschquellen. Eine laute Umgebung kostet Sie viel
  Energie. Wenn Sie länger sprechen müssen, dann schalten Sie störende Umge-
  bungsgeräusche aus.
- ⋯⟩ Wenn das nicht möglich ist, legen Sie öfters kurze Hör-Pausen ein. Halten Sie inne
  und horchen Sie bewusst für einige Sekunden in den Raum. Unterscheiden Sie dabei neugierig zwischen den verschiedenen Geräuschen. Sie ermöglichen dadurch
  Ihrem Gehör – und somit auch Ihrer Stimme – sich neu anzupassen.
- ⋯⟩ Nehmen Sie Ihre Empfindungen ernst. Ihr Organismus sendet Ihnen Warnsignale. Meist genügen kleine Veränderungen des Sprachverhaltens und/oder ein kurzes
  Aufwärmprogramm, um die Herausforderungen des Sprech-Alltags gesund zu be-
  wältigen.

8. Warnhinweis: Wie Sie dieses Buch am besten nutzen

> „Wenn du tust, was du immer getan hast, wirst du bekommen,
> was du immer bekommen hast."
> – *Stefan Merath*

Was liegt zwischen Wunsch und Wirklichkeit? Der erste Schritt zur Umsetzung. Das klingt ganz einfach und völlig logisch, erweist sich aber in der Lebenspraxis oft als echte Hürde. Woraus besteht dieser Mechanismus, der Menschen immer in den gleichen Bahnen hält? Was steckt hinter diesem Beharrungsvermögen, dieser Trägheit, die verhindert, dass Menschen ihre Gewohnheiten ändern? So wie viele Motivationscoaches und Trainer von Spitzensportlern beschäftigt auch mich als Trainer diese zentrale Frage, was ich meinen Seminarteilnehmern mitgeben kann, damit die Umsetzung leichter gelingt.

Ich habe schon viele Bücher über Stimme und Kommunikation gelesen. Dennoch ertappe ich mich immer wieder bei denselben Fehlern. Was mache ich falsch?

Was im Alltag oft wiederholt wird, läuft später automatisch ab. Manche dieser „Rillen" sind besonders tief eingraviert. Diese Verhaltensweisen werden subjektiv als „normal" empfunden.

Sie kennen sicher den bekannten „Neujahrs-Effekt": Fassen auch Sie am Abend des 31. Dezember immer wieder gute Vorsätze für das neue Jahr? Und wie lange halten diese in der Regel an? Für viele folgt schnell die ernüchternde Erkenntnis: Ganz so einfach ändern sich Gewohnheiten dann doch nicht. Zwischen Wunsch und Umsetzung liegt meist ein steiniger Weg.

Wo besteht nun der Zusammenhang mit dem Thema des Buches? Bedenken Sie, dass gerade Stimmgebrauch und Sprechweise zu den am besten eingeübten Verhaltensweisen des Menschen zählen. Seit klein auf „üben" Sie, wiederholen dieselben Bewegungen, gleiche Muskeln formulieren die bekannten Laute. Selbst die Gedanken folgen oft denselben Mustern: Hat Ihnen auch schon einmal jemand schmunzelnd gesagt: „Ich habe mir schon gedacht, dass du das sagen wirst!"?

Psychologie und Gehirnforschung zeigen heute präzise und bildlich, weshalb eine rationale Erkenntnis allein noch nicht zwingend zur Veränderung des eigenen Verhaltens führt. Offensichtlich arbeitet im menschlichen Gehirn eine Instanz, die sich mit aller Macht gegen Veränderungen sträubt, auch wenn Sie sich die Veränderungen noch so sehr wünschen. Ich nenne diesen Mechanismus Ihren inneren „Autopiloten".

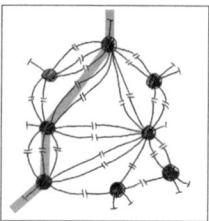 Durch oftmaliges Wiederholen baut sich im Gehirn eine Art „neuronale Autobahn" auf. Sie ist für das Typische Ihrer Stimme verantwortlich – erschwert aber auch jede Veränderung.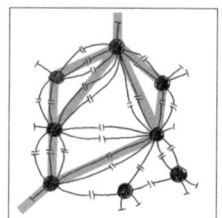

Alles was Sie oft wiederholen und somit „lernen", hat damit in Ihrem Gehirn ein dichtes Netzwerk von Verbindungen zwischen Ihren Gehirnzellen wachsen lassen. Diese „neuronale Autobahn", diese „Verhaltensri le" sichert im Alltag das selbstverständliche Ausführen der meisten gewohnten Tätigkeiten. Gehen, Essen, Rad- und Autofahren etc. sind in diesem Sinne Autopilot-gesteuert – und natürlich auch das Sprechen. Das Positive daran: Dieser Mechanismus macht uns *multi-tasking*-fähig. Die Kehrseite: Training für Spitzenleistungen dauert lange und erfordert daher ein gewisses Durchhaltevermögen. Deshalb sind die Vorhaben von letztem Silvester im Mai meist immer noch nicht umgesetzt.

 Ist es denn nicht möglich, diesen „Autopiloten" während des Sprechens einfach auszuschalten?

Möglich ja, doch probieren Sie einmal aus, was dann passiert: Achten Sie ganz genau auf die kleinsten Bewegungen Ihrer Zunge und Ihrer Lippen, während Sie langsam vor sich hinzählen: „Einundzwanzig, zweiundzwanzig, dreiundzwanzig".

Wie gut gelingt Ihnen das tatsächlich? Ich vermute, dass Sie kaum mehr sprechen können, sobald Sie bewusst auf Ihre Bewegungen achten. Das Sprechen mutiert viel mehr zu einem Lallen, nicht wahr? Der Grund dafür ist, dass mehr als 100 Muskeln und zahlreiche Gehirnareale zusammenarbeiten, wenn Sie ein Wort sprechen. Das braucht beste Koordination – und eben die leistet Ihre automatisierte Selbststeuerung, Ihr „Autopilot".

 Ist es dann ohne großen Übungsaufwand überhaupt möglich, Stimme und Sprechweise zu trainieren?

Wenn Sie es klug anstellen, ja. Verschwenden Sie keine Zeit mit dem Versuch, überkommene Verhaltensweisen zu ändern. Die alte Rille wird noch lange ihr Recht einfordern. Wenn Sie eine Fremdsprache lernen, verschwindet Ihre Muttersprache schließlich auch nicht.

Beherzigen Sie einfach die wichtigsten Trainingsregeln der Spitzensportler:

1. „Nimm dir nicht zuviel vor!" – Beginnen Sie mit dem einfachsten, kleinsten Schritt. Achten Sie genau auf die Wirkung. Genießen Sie es, wenn es gelingt.

2. „Trainiere nie im Wettkampf!" – Ihr Alltag bietet genügend Übungsfelder für kleine Experimente. Wenn Ihr „Brustton der Überzeugung" einmal bei Ihren Kindern oder am Stammtisch gelingt, sollte er auch Ihrem Chef gegenüber wirken.

3. „Welche Alltagssituation ist dein Anker?" – Fragen Sie sich immer wieder: Was wird mich daran erinnern, die neue Verhaltensweise zu nutzen? Das kann ein besonderer Moment sein, eine spezielle Situation, die immer wiederkehrt. Oder die Türklinke zum Büro, die Ihnen zuflüstert: „Jetzt Standpunkt einnehmen, Stimme einschalten!"

Lernen heißt Wiederholen. Nutzen Sie kleine konkrete Anstöße von außen, um die „Nadel aus der Rille" zu befreien.

4. „Fehler sind Lernchancen!" – Genießen Sie es, wenn Sie plötzlich merken, dass Sie wieder einmal im alten Fahrwasser unterwegs sind. Hurra! Immerhin haben Sie es bemerkt! Gratulation: Das ist der erste Schritt, mit dem Sie Ihren „Autopiloten" neu programmieren. Nun sind Sie handlungsfähig und damit in der Lage, etwas anders zu tun als bisher.

5. „Feiere deine Erfolge!" – Das Wichtigste zuletzt: Vergessen Sie nie, Ihre Erfolge gebührend zu feiern. Herzlichen Glückwunsch!

Tipp: Wenn Sie noch weitere aktuelle Informationen zum Thema Stimme wünschen, empfehle ich Ihnen den kostenlosen Newsletter „Stimm-Tipps" von **www.stimme.at** und die Praxis-Tipps auf **www.arno-fischbacher.com.**

KörperSprache kompakt

80 Seiten, kart. • € (D) 9,95 • ISBN 978-3-87387-662-0

REIHE: KOMMUNIKATION • Körpersprache

SABINE MÜHLISCH

»Fragen der KörperSprache«

Antworten zur non-verbalen Kommunikation

Sabine Mühlisch versteht KörperSprache als ganzheitliches Geschehen, als einen Weg der Seele, unbalancierte innere Geschehnisse auf der Bühne des Körpers ins Bewusstsein zu bringen. Der Körper transportiert dabei die Seele nach außen und zeigt die jeweilige Identität und Persönlichkeit.

Der Leser erhält eine pragmatische Übersicht über die symbolischen Bedeutungen der einzelnen Körperbereiche, um so die Botschaften der KörperSprache selbstständig zu übersetzen und zu deuten. Diese Hilfe ermöglicht es, sich selbst und andere besser zu verstehen und auf der grundlegenden Ebene des Denkens und Fühlens adäquat zu handeln. Die Autorin beantwortet zahlreiche Fragen, die immer wieder im Zusammenhang mit KörperSprache auftreten.

Sabine Mühlisch ist seit 1986 selbständig als Coach und Trainerin tätig. Ihre Trainingsreihen und Seminare entwickelte sie auf Grundlage von Samy Molchos Arbeit.